図解 城の間取り

日本史の謎検証委員会 編

彩図社

はじめに

日本全国には、有名無名を含め、数多くの城が残されている。

たとえば、日本で初めてユネスコ世界遺産に登録された姫路城。目にもまばゆい白亜の大天守《だいてんしゅ》と、それを囲む複数の小天守《こてんしゅ》、櫓《やぐら》などが有名である。天守は歴史的、美術的価値の高さから、国宝にも指定されている。天守が国宝に指定されているのは、姫路城、松本城、犬山城、彦根城、松江城の5城のみで、非常に貴重だ。

江戸時代には権威の象徴となった天守だが、戦国時代には、籠城戦における最終防衛拠点だった。その実態は、「間取り図」を見ればよくわかる。

本書で紹介する間取り図は、江戸時代の絵図や復元図などを元に、各城の注目点をまとめたものだ。続くページを、パラパラとめくってみてほしい。間取り図で天守を探してみると、石垣や多くの建物に囲われているのがわかるはずだ。よく見ると、石垣一つとっても、高さを変えたり幾重にも設置したりと、城によって工夫の仕方は異なる。こうした守りの工夫がイメージしやすくなるよう、間取り図を使い、城の基本的な構造を俯瞰していくのが、本書の趣旨である。

「第一章　天下人たちの城の間取り」で取り上げるのは、織田信長、豊臣秀吉、徳川家康の居城だ。安土城や大坂城、江戸城などである。天下人だからこそ実現できた、豪華かつ堅牢な城の様相を紹介していこう。

「第二章　間取りから見る防御の工夫」では、城に施された数々の仕掛けを見ていく。城の基本的な防御機能や、各城固有の構造を解説する。

続く「第三章　間取りから見る合戦」では、城の構造が合戦でどのように機能したのか、その実態に迫っていく。取り上げる時代は、城が戦場になった戦国末期と幕末・明治初期である。

最後の「第四章　間取りから見る経済・生活」は、軍事以外の要素にも注目して、城の基本を解説している。

以上の切り口から、城に秘められた驚きの仕掛けを解き明かしていこう。

２０２３年３月　編者

図解　城の間取り【目次】

第二章 間取りから見る防御の工夫

第三章 間取りから見る合戦

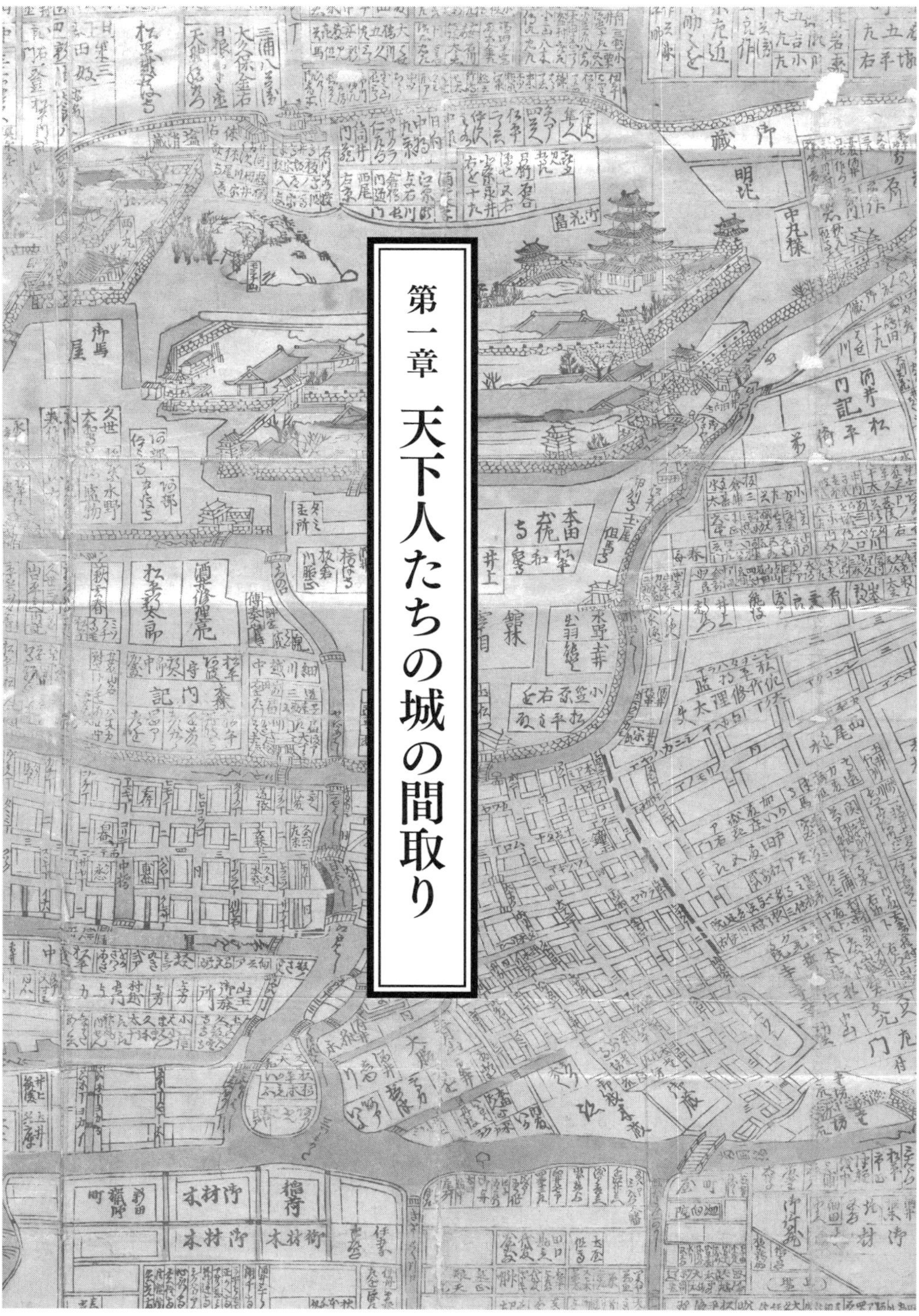

第一章　天下人たちの城の間取り

城の間取り 01

安土城【あづちじょう】（滋賀県）

高い防御力と見る者を圧倒する仕掛けの数々

伝統と革新が同居した城

織田信長の居城として知られる**安土城**。特徴は、**伝統と最新技術の融合**である。

安土城は安土山の山頂部に建てられた。山地に小さな曲輪《くるわ》（本丸などの区画のこと。主に建物が置かれた）が建つのは、戦国時代の山城と同じ構造である。

一方で、入口には最新鋭の技術が反映されていた。安土城の中心部に入るにはまず、**黒金門**《くろがねもん》を通る必要がある。図で黒金門を探してみてほしい。他の箇所よりも突出していることがわかるだろう。防御力を高めるため、巨大な石で石垣を造り、侵入者を威圧したのだ。

なお、この頃は土塁が主流だったが、安土城は初めて、曲輪のすべてが当時最先端の石垣で囲われた。強固な黒金門も、石垣造りである。

さらに、侵入者に櫓の上や横から矢を射《い》かけやすいよう、出入口には**枡形**《ますがた》という四角い空間が設けられた（構造は図を参照）。こうした構造も、かつてはなかった新しい形式だ。

黒金門を抜けた先にも、一工夫あった。道を左右にわけることで、侵入者が本丸へ一直線に向かうのを防いだのだ。しかも、黒金門から先は道幅が狭いため、大軍が一気に侵攻するのは難しかった。

◎安土城の間取り図

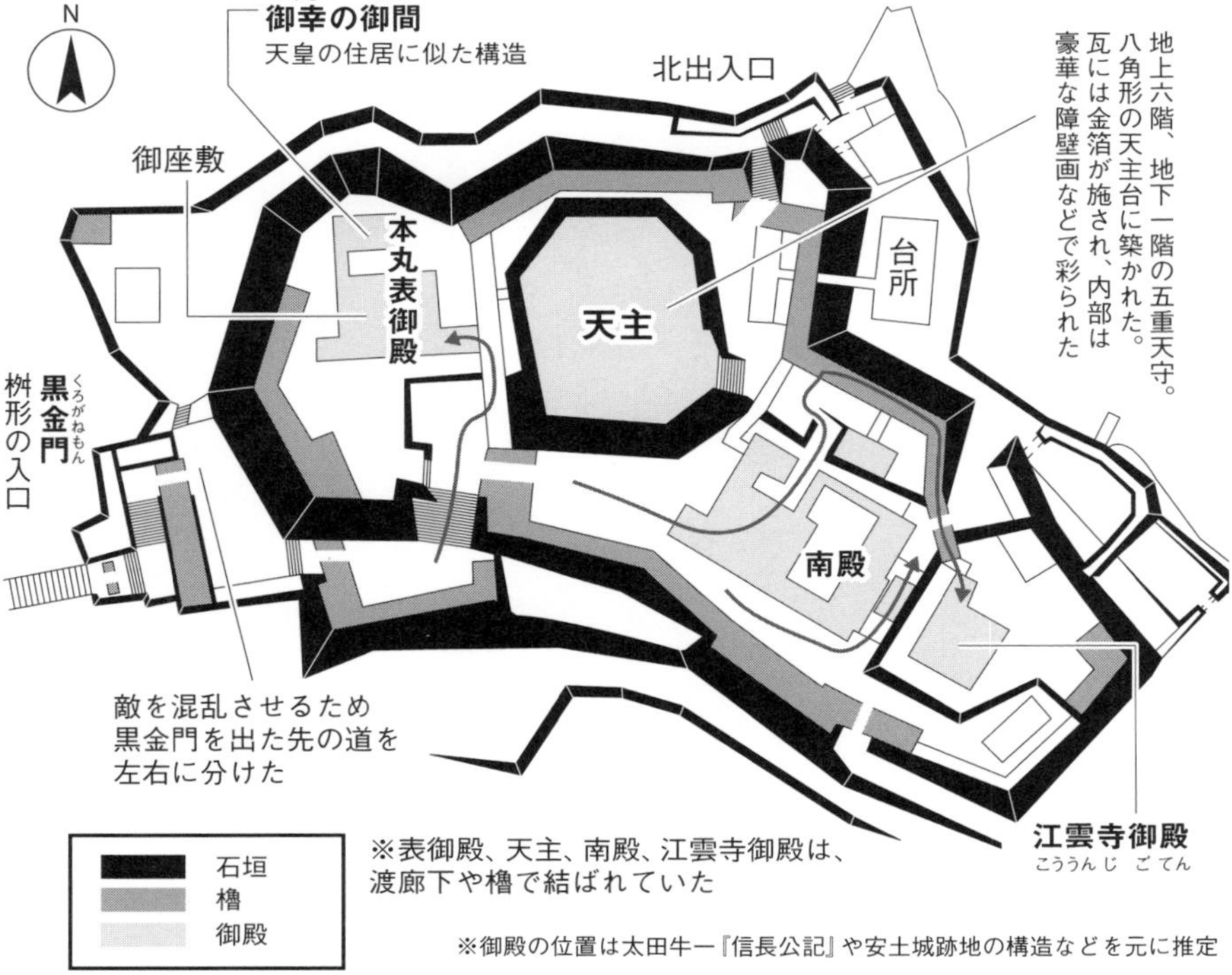

敵を混乱させるため
黒金門を出た先の道を
左右に分けた

※表御殿、天主、南殿、江雲寺御殿は、
渡廊下や櫓で結ばれていた

※御殿の位置は太田牛一『信長公記』や安土城跡地の構造などを元に推定

◎基本データ

・標高198mの安土山に築かれた山城
・各曲輪が石垣で構成された初の城
・石垣の強度を増すため、石の長辺と短辺を交互に積む算木積が試みられた（算木積の技術が確立するのは関ヶ原の戦い以降）
・天主は御殿のように華やかだったとされることから、信長の居住空間だった可能性あり
・二の丸と三の丸（名坂屋敷）も本丸の一部だったという仮説もある
・信長が本能寺の変で討たれた年に焼失

◎桝形の入口とは

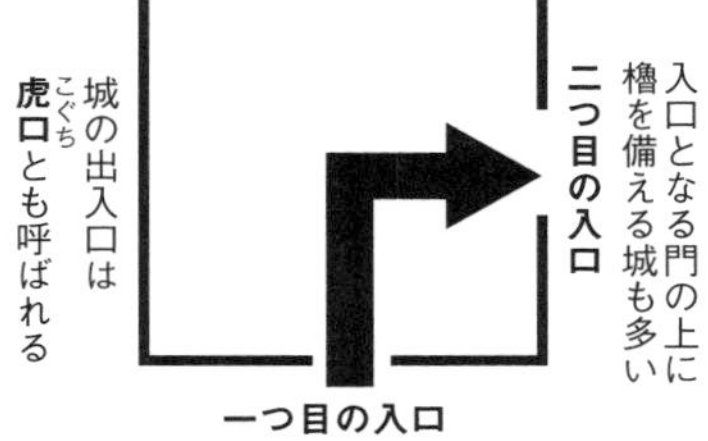

城の出入口は虎口《こぐち》とも呼ばれる
二つ目の入口
入口となる門の上に櫓を備える城も多い
一つ目の入口

櫓の上や壁面に設けた穴から
守り手は弓・鉄砲で敵を攻撃。
関ヶ原の戦い後に構造が厳重化

見る者を圧倒する仕掛け

安土城は防御力もさることながら、見る者を圧倒する工夫にも余念がない。図の本丸跡内、中央近くにある天主台は、「見せる仕掛け」のいい例である。

天守（天主）とは、籠城や居住を想定した塔のような空間のこと。安土城の場合は、信長の家臣・太田牛一《おおたぎゅういち》の『信長公記《しんちょうこうき》』の記述に基づき、「天主」と書く。戦国

織田信長

の城は戦う時だけに使う防御施設だったから、居住空間を設けるという発想にはなりにくい。だが信長は、豪華絢爛な天主を設けることで、城に新たな機能を担わせた。それは、**権力の誇示**である。

『信長公記』によれば、天主は地上六階、地下一階。八角形の天主台に築かれた五重式で、瓦には金箔が施された。地階は宝物庫で、一階から三階は、当時の高級住宅である書院造《しょいんづくり》殿舎に酷似。五階は天井や柱が朱の漆で覆われ、最上階へ上がると金色の部屋が、狩野永徳《かのうえいとく》一門の障壁画で彩られたというから、非常に煌《きら》びやかである。

安土城の敷地内には家臣の邸も多数あったから、主君たる信長の堂々たる居城を目にして、畏敬の念を抱いたのではないだろうか。

本丸は巨大な空間だった？

現在の安土城跡には、天主西方に伝二の丸、南方に伝本丸、南東に名坂屋敷（伝三の丸）が位置している（左ページ絵図参照）。山地に位置することから曲輪の大きさが限定されているが、近年は**二の丸と名坂屋敷も本丸の一部だったという仮説**が出されて、注目が集まっている。

黒金門を抜けて最初に見えてくるのが、伝二の丸である。ここから北へ進んでいくと、本丸表御殿があったと思しき場所に着く。

先に挙げた『信長公記』によれば、本丸表御殿は「御幸《みゆき》の御間《ごま》」

という、天皇を招くための御殿とつながっていたらしい。また、本丸には「南殿」、三の丸には遊興用の「江雲寺御殿《こううんじごてん》」もあったと記されている。

安土城に関する史料は少ないため、こうした構造物が実在したのか不明だったが、発掘調査によって、この記述が裏付けられることになる。御幸の御間や南殿とみられる構造跡が見つかったのだ。前者は、天皇の住居だった清涼殿《せいりょうでん》と似た構造である。

さらに発掘調査では、**本丸御殿と周囲の建物が、渡り廊下でつながっていた**こともわかった。山城は狭い山頂に建てられたから、ひとつひとつの建物は、小さくならざるを得ない。その狭さを補うために、天主を含めた四つの御殿で、本丸御殿を形成したのではないか、というわけである。

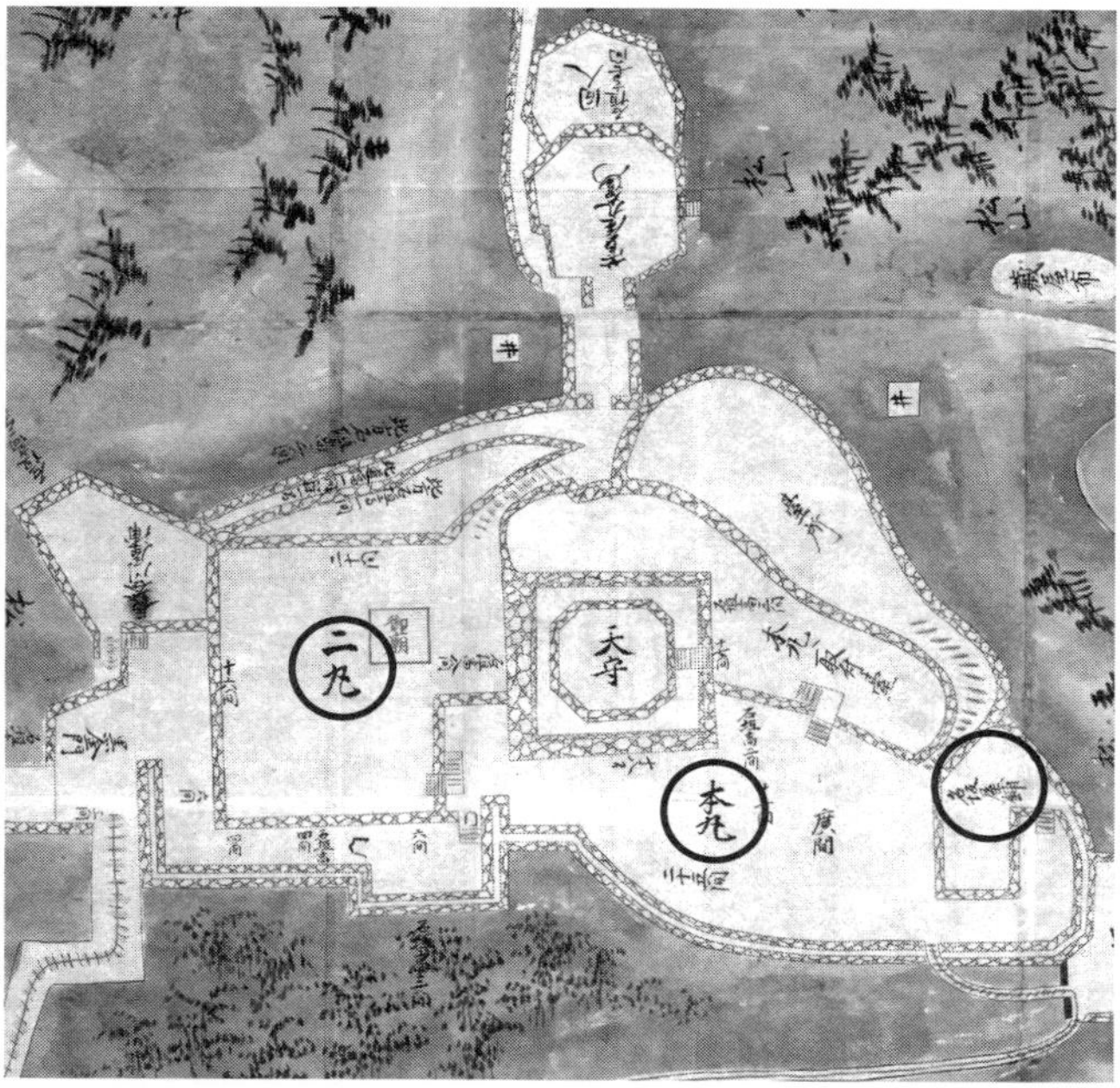

江戸時代中期から末期頃に描かれた安土城絵図。黒丸で囲ったのが伝二の丸、伝本丸、名坂屋敷（伝三の丸）。近年は、本丸はより巨大な空間だったという説が注目されている（『日本古城絵図 安土古城図』国会図書館所蔵）

安土城は信長が本能寺の変で亡くなった年に焼失したため、まだまだ謎が多い。今後も発掘調査によって、意外な仕掛けが明らかになるかもしれない。

城の間取り 02

岐阜城【ぎふじょう】（岐阜県）

美濃の要衝を居城にして軍事・政治力を強化

険しい自然を生かした城

織田信長は、生涯で七つの城に住んだ。**岐阜城**は、その6番目にあたる。濃尾《のうび》平野北部の金華山山頂に位置し、もとは戦国大名斎藤氏が築いた城だった。名前は稲葉《いなば》山城《やまじょう》（金華山城《きんかざんじょう》）だったが、永禄10年（1567）に信長が占拠し、岐阜城に改めた。

岐阜城の強みは、山全体を活用した構造である。本丸が位置するのは、金華山山頂を尾根伝いに削った場所だ。金華山の標高は329メートル。決して高い山とは言えないが、周囲の地形の影響で、**体感ではかなり大きな山だったらしい。**北には長良川《ながらがわ》、東部や西部には急勾配の絶壁が位置したことで、山頂の岐阜城はそそり立つような印象を与えた。そんな険しい自然に囲まれては、攻略に骨が折れたはずだ。

そうした地形のおかげで、**岐阜城は索敵能力も高かった。**標高が高過ぎれば、麓に敵がやってきても気づきにくいが、金華山の高さなら、敵は丸見えだったのだ。

こうした地形を生かしつつ、道沿いに設けた防御施設で、敵の侵入に備えた。天守の南には二の丸、馬場曲輪《ばばくるわ》が、直線状に細長く置かれている。さらに山全域に小型の曲輪を配置し、要所を石垣で固めていたとみられる（石垣の設置年代は不明）。天守台のすぐ東側に

◎岐阜城の間取り図

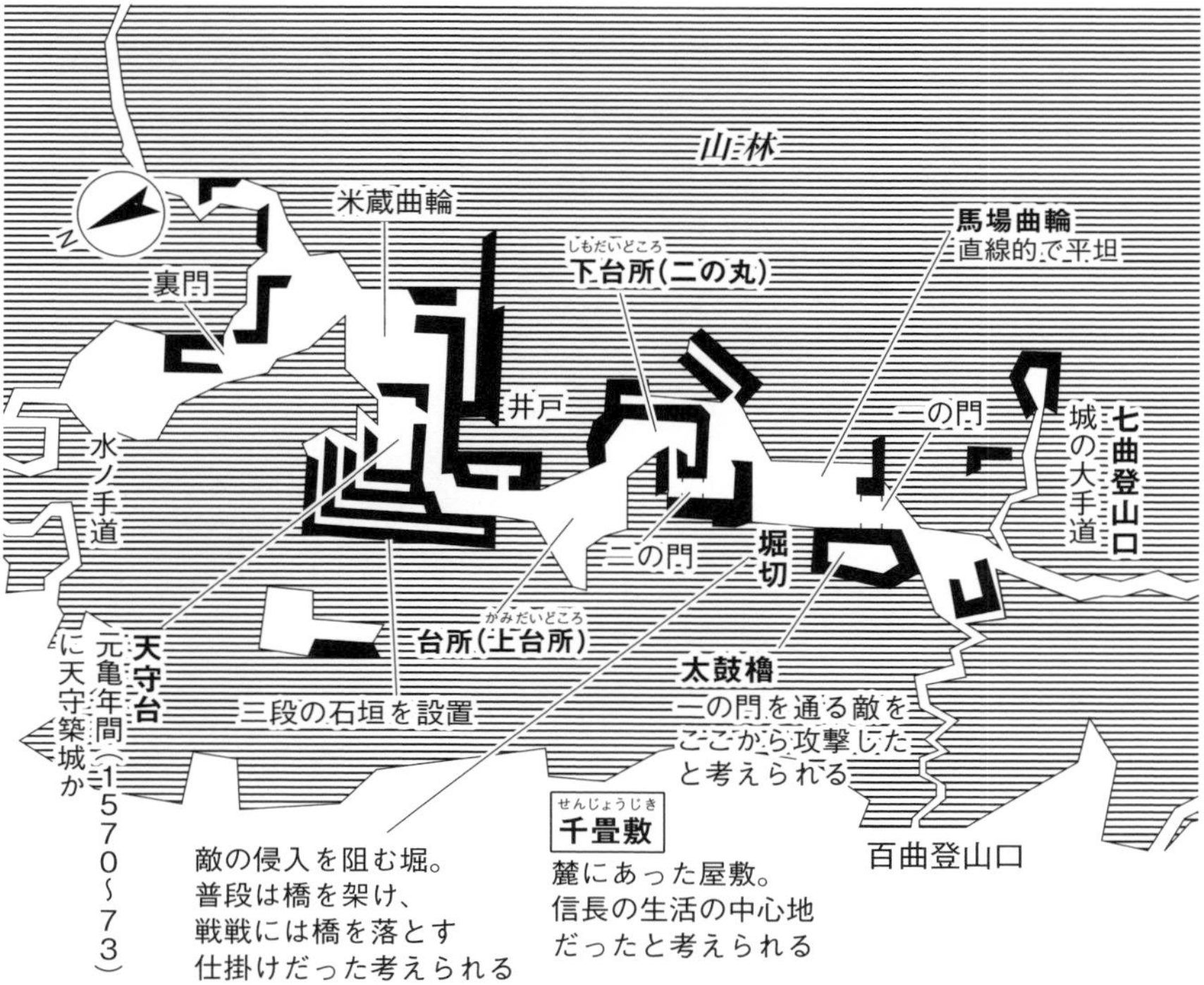

◎基本データ

- 標高329mの金華山山頂に建てられた山城
- 稲葉山とも呼ばれたことから別名は稲葉山城
- 永禄10年(1567)、織田信長が斎藤龍興より奪取、信長の居城となり、岐阜城と改められる
- 川や急勾配の絶壁に囲まれ難攻不落と称される
- 元亀年間(1570～1573)に、信長が山頂に天守を築いたと考えられる
- 天守から平野一体を見渡すことが可能、外部に信長の権威をアピールすることができた
- 慶長6年(1601)、徳川家康の判断で廃城となる

米蔵曲輪が設けられていることから、籠城への備えがあったこともわかる。

もっとも、兵力や飲料水の確保には向かない狭い構造だったため、長期の籠城戦には不向きだった。信長としては戦うことを意識しつつも、政治的なメリットが大きいからこそ、岐阜城に拠点を置いたのだろう。

岐阜城の政治的な意味

岐阜城の政治的なメリットとは何か？　それは、信長が山頂に築いた天守に注目すればわかる。

岐阜城の天守は、元亀年間（1570～1573）に造られたと考えられている。外見と構造ははっきりとしていないものの、望楼型の三階建て天守だとする説が有力だ。

岐阜城が位置する金華山一帯は、東海道や東山道の要路が通る交通の要地だ。山頂からは平野一帯を見渡すことが可能である。逆もまたしかりで、平野から金華山山頂はよく見えた。つまり、この地に天守を築けば、美濃全域を監視下に置けるだけでなく、領民に**織田家の威厳をアピールできる**のだ。安土城も「見せる城」として機能した城だが、信長は安土城を建てるおよそ10年も前から、自身の権威を示すために、居城を活用したのである。

稲葉山からながめた岐阜城（1956 年再建の四階建て天守）と山下の町並み

信長の生活

信長は、安土城が完成するまでの10年間を、岐阜城で過ごした。政務・日常生活の場となったのは天守ではなく、西側山麓の千畳《せんじょう》敷《じき》の御殿だったようだ。

永禄12年（1569）に岐阜城を案内された宣教師ルイス・フロイスの記録によると、御殿は石垣で周囲を固めた、四階建ての楼閣《ろうかく》だったという。一階には20近くの部屋があり、純金で一部が縁取られていたらしい。また二階は奥方や侍女の部屋で、一階以上に煌びやかだったとされる。

記述が誇張されている可能性はあるものの、自己の威厳を示すのに余念のなかった信長なら、日常空間に意匠を凝らしていたとしても、おかしくはない。

実際、発掘調査によって、千畳敷のあるエリアからは、複数の屋敷跡や庭園跡が見つかっている。信長は地形を利用して、階段状に複数の曲輪を造り、そこに屋敷や庭園を設けていたのだ。高低差を利用して滝や池までつくっていたというから、驚きである。

また、信長時代のものかは不明ながら、同地からは金箔瓦《きんぱくがわら》も見つかっている。発掘調査や研究が進展すれば、信長による生活の実態を、より詳細に知ることができるだろう。

一日で落ちた岐阜城

慶長5年（1600）、岐阜城は戦《いくさ》の舞台となる。**関ヶ原の戦いの前哨戦が、この地で繰り広げられたのだ。**

このときの城主は、西軍の織田秀信《ひでのぶ》だ。攻め手の東軍は、清洲《きよす》城《じょう》を拠点にした福島正則らである。

西軍は劣勢ながら、岐阜城の防御力を生かして、東軍をなんとか防いだ。だが運悪く、東軍には岐阜城の元城主・池田輝政《いけだてるまさ》も参加していた。この輝政の働きによって、東軍は本丸まで進行。秀信は降伏し、岐阜城はわずか一日で陥落することになった。

城の間取り 03

大坂城【おおさかじょう】（大阪府）

三重の石垣で本丸を守る豊臣秀吉の本拠地

豊臣秀吉の堅牢な本拠地

豊臣秀吉が築いた**大坂城**は、石《いし》山本願寺《やまほんがんじ》跡に建てられた、堅牢な城である。石山本願寺は、ただの寺ではない。城壁や堀を備えた要塞で、織田信長の攻撃も長期間にわたって防いだ、堅牢な構造だった。この地の高い防御力に目を付けた秀吉は、全国の大名に築城を命じ、5万人を動員して巨大な城を築いたのだ。

現在の大坂城は江戸時代に建てられたもので、秀吉が築いた大坂城の詳細は、不明である。ただ、江戸幕府で大工頭を務めた中井家所有の「本丸図」などによって、本丸と内堀周辺の構造は、ある程度判明している。

城が建てられたのは、上町《うえまち》台地の腹部にある、島型の地形だ。北は淀川をはじめとした河川、東側は海に守られていた。本丸周辺は二の丸が囲み、さらにその外側を

◎基本データ

- 豊臣秀吉が天正11年（1583）より築城開始。四期にわたる工事で拡張し続けた
- 本丸を二の丸、三の丸、総構えが囲む四重構造だったとされる
- 織田信長の築城に影響を受けているが、立地は山地から平地へと変更（平城、平山城のルーツ）
- 本丸の奥御殿周囲に三重の石垣を設置
- 城壁を屏風のように曲げた屏風折を多用
- 天守は地上七階、地下二階建てで、安土城のような豪華な様相だったとされる
- 折り畳み式の黄金茶室があったと伝わる

◎大坂城本丸の間取り図

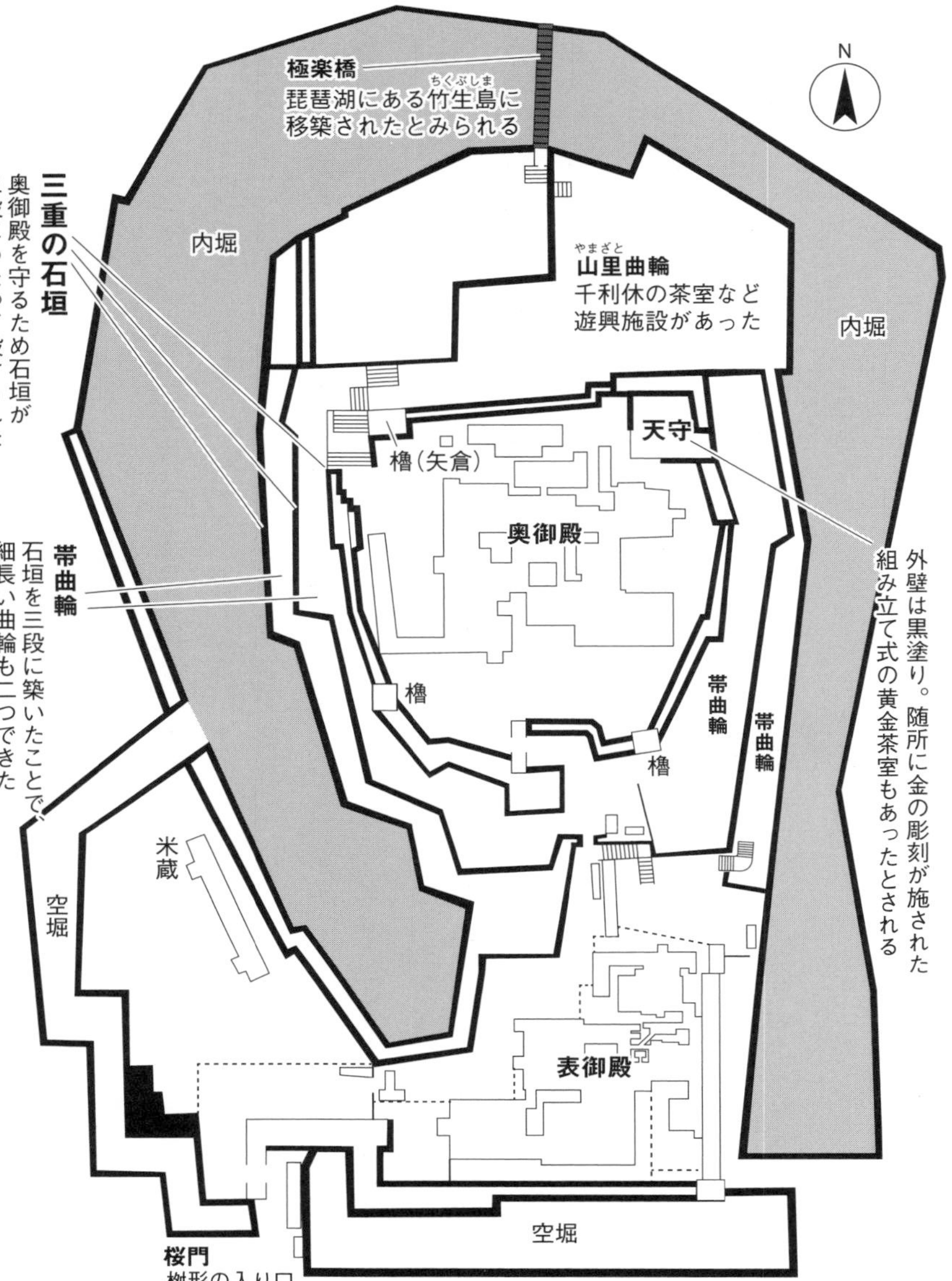

極楽橋
琵琶湖にある竹生島《ちくぶしま》に
移築されたとみられる
N
三重の石垣
奥御殿を守るため石垣が
三段にわたって設けられた
内堀
山里曲輪《やまざと》
千利休の茶室など
遊興施設があった
内堀
天守
櫓(矢倉)
奥御殿
帯曲輪
石垣を三段に築いたことで、
細長い曲輪も二つできた
外壁は黒塗り。随所に金の彫刻が施された
組み立て式の黄金茶室もあったとされる
櫓
帯曲輪
帯曲輪
櫓
米蔵
空堀
表御殿
空堀
桜門
桝形の入り口

三の丸、総構《そうがま》えが囲む**四重構造**だったとされている。

図を見ると、本丸が水堀と空堀で囲まれているのがわかる。本丸へ向かうには、南側にある桜門を通らなければならない。桜門は敵が簡単に侵入できないよう、**桝《ます》形《がた》**の空間（桝のような四角い空間）が設けられた。

安土城の項目でも紹介したが、桝形は、城の入口を強化する構造で、近世の城には必ずといっていいほど備えられた。一つ目の門をくぐったあと、桝形を通って二つ目の門を抜ければ、本丸内へと近づくことができる。だが守り手は、城壁の穴や櫓を使って、側面や上方から弓や鉄砲で攻撃できた。敵からすれば、思わぬ方向から攻撃されるため、侵入は容易ではなかった。

本丸を守る三段構えの石垣

本丸最大の特徴は、**三段構えの石垣で囲まれた構造**である。江戸時代には高く積む「高石垣《たかいしがき》」という技術が生み出されたが、大坂城が築造された天正13年（1585）頃には、その技術がなかった。そのため三段の石垣を設けたのだ。これにより、「帯曲輪《おびくるわ》」という細長い曲輪が2本、本丸の周囲に取り巻かれることになった。この構造は、秀吉の生活空間である奥御殿の東西に施された。

豊臣秀吉

さらに、城壁を屏風のように屈折させる、**屏風折《びょうぶおれ》**という構造も採用されている。直角の両側面が異なる方向を向くため、射撃用の穴を設ければ、多くの敵を攻撃することが可能である。この仕組みも、江戸時代の堅牢な城に、しばしば採用されている。

安土城並みの豪華さ

本丸北東隅には、天守が設けられた。安土城の造りを踏襲した五重式である。信長と同じく、秀吉は自らの権威を誇示しようとしたのだろう。二重目から五重目までの屋根は入母屋造《いりもや》を交互に合わせる形式で、外壁を染めるのは黒塗漆である。各部には金色の彫刻がはめ込まれた、豪華な外見だったようだ。

内部の詳細を記した史料は少ないが、**地上七階、地下二階建て**だったとされている（地上八階説や九階説もあり）。九州大名の大友《おおとも》宗麟《そうりん》の記録などによると、組み立て式の黄金茶室などを備えた贅沢な造りだったようだ。また本丸北側の低地に備えた山里《やまざと》曲輪には、千利休の茶室などの遊興施設が設けられていた。

このように、大坂城は秀吉の栄華を象徴する豪壮な城だったが、大坂の陣で、この城は焼失する。その後、徳川家康・秀忠は大坂城跡を埋め立て、さらに巨大な城を築いた。現存するのは、この徳川時代の大坂城である（天守は昭和初期に建設）。

豊臣時代の遺構はほとんどないが、発掘調査によって、少しずつかつての姿がわかってきた。その実態が、そう遠くない未来に判明することを願いたい。

◎屏風折とは

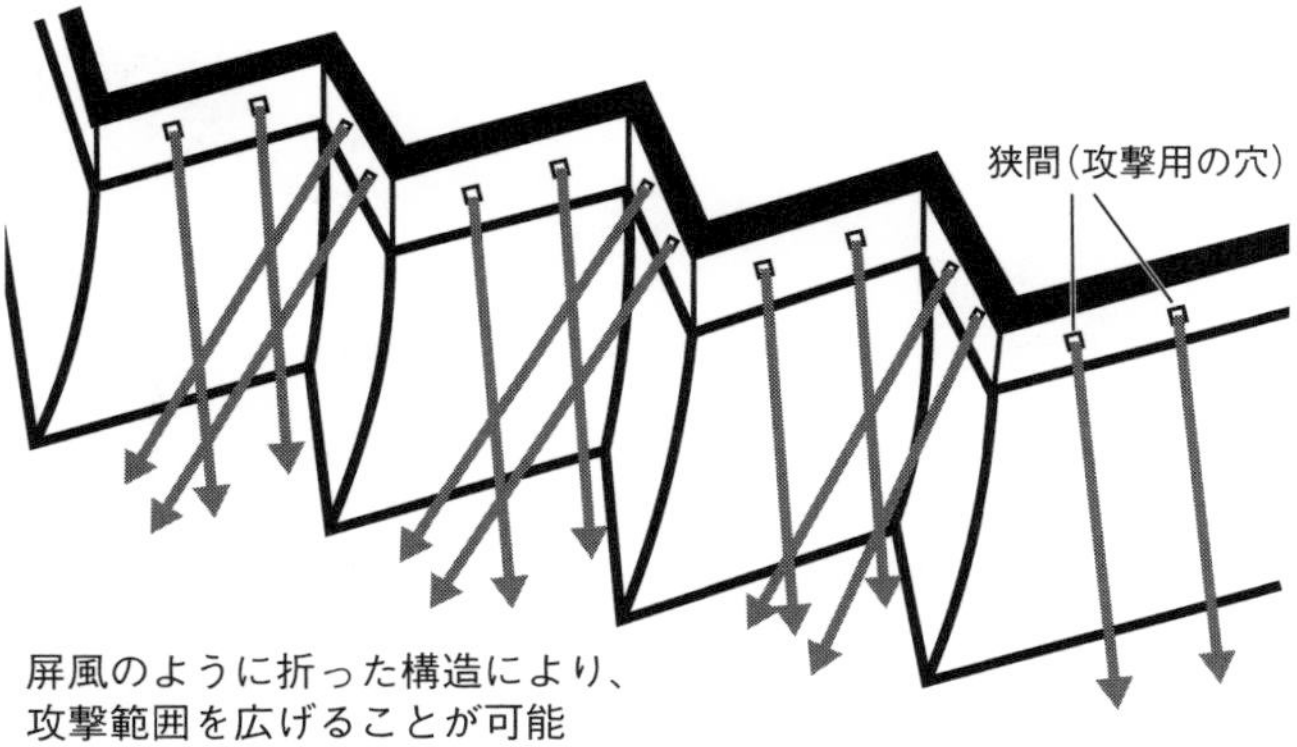

屏風のように折った構造により、
攻撃範囲を広げることが可能

城の間取り 04

伏見城【ふしみじょう】（京都府）

河川交通の拠点となって城下町が発展

北方重視の構造

豊臣秀吉は晩年になると、巨大な城を京の南部に築いて終《つい》の棲家《すみか》にした。その城が、**伏見城**である。指月に築かれた屋敷を、文禄3年（1594）に城郭へと改造したのがはじまりだ。

この城は文禄5年（1596）に慶長伏見大地震で倒壊したが、すぐに木幡山《こはたやま》にて再建された。完成したのは翌年のことである。両者を区別するため、前期の城を「指月《しげつ》伏見城」、後期の城を「木幡山伏見城」と呼ぶこともある。本稿では、絵図や発掘調査によって明らかになっている、木幡山時代の伏見城を紹介しよう。

木幡山伏見城は、**北側を重視した構造**である。南側は宇治川によって守られていたが、北側は自然の要害がなく防御が薄かった。そのため、多くの曲輪《くるわ》を配置したのだ。確かに図を見ると、本丸の四方に曲輪や空堀があるだけでなく、北方にも多くの曲輪・堀があ

◎基本データ

- 豊臣秀吉の隠居所を城へと改築
- 築城のために全国の大名を動員
- 指月に築城したが地震で倒壊、慶長2年（1597）に約800m離れた木幡山に再建
- 再建後の伏見城は軍事的な構造に変化
- 城内南部に宇治川とつながる入り江「御船入」が造られた
- 大坂と京を河川でつなぐ要衝として発展
- 北方は守りを強化するために多数の曲輪と幅の広い水堀を設置
- 秀吉時代の天守の詳細は不明

◎伏見城（木幡）の間取り図

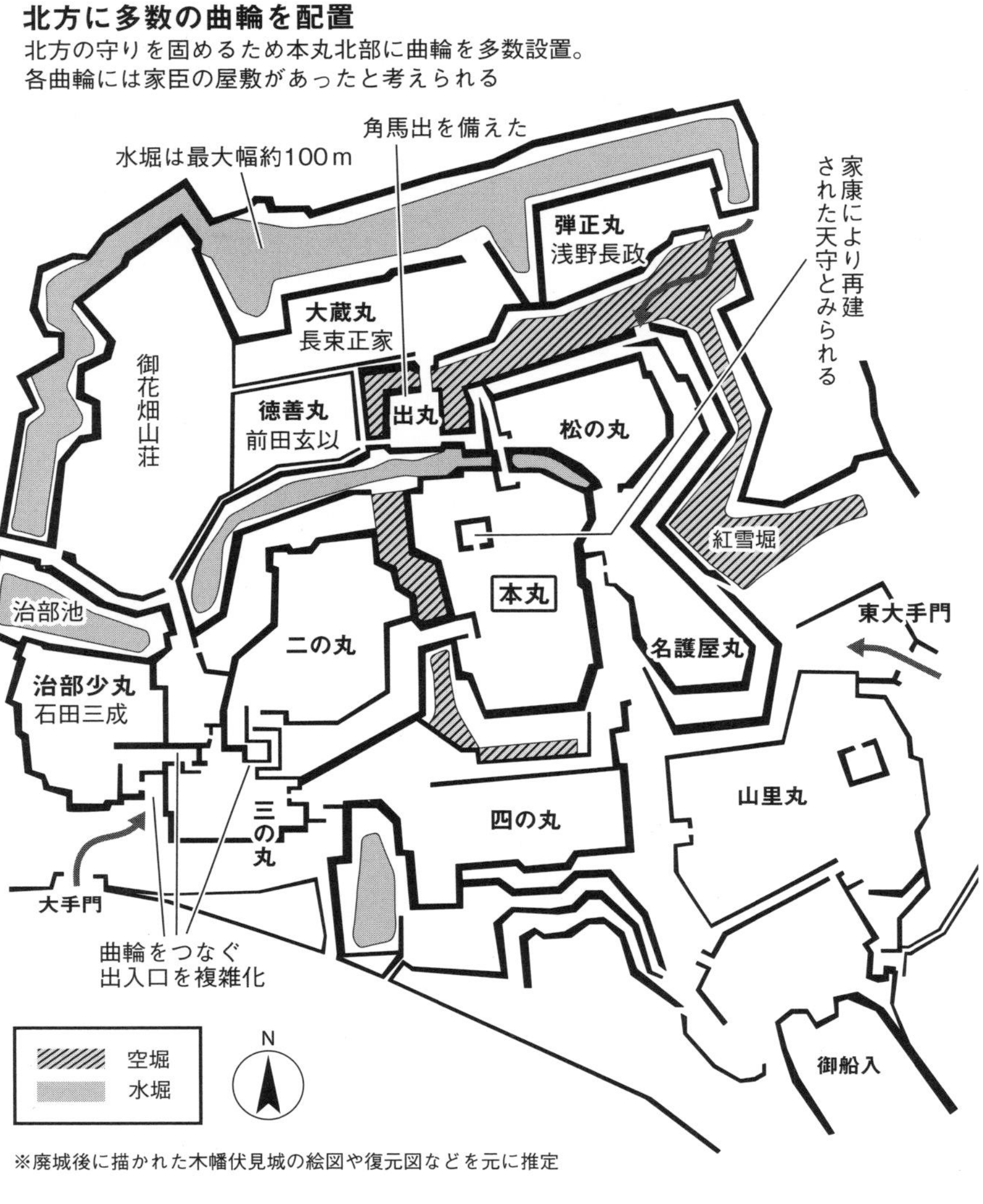

北方に多数の曲輪を配置
北方の守りを固めるため本丸北部に曲輪を多数設置。
各曲輪には家臣の屋敷があったと考えられる
角馬出を備えた
水堀は最大幅約100ｍ
家康により再建されたた天守とみられる

御花畑山荘

曲輪をつなぐ
出入口を複雑化

※廃城後に描かれた木幡伏見城の絵図や復元図などを元に推定

るのがわかる。

北方は松の丸や出丸、大蔵丸、弾正丸で防衛線を構築し、その外側には水堀が掘られた。水堀の最大幅は、約100メートルもあったという。これにより、**北側の丘陵部から断絶することができた。**

天守の外見や内部の詳細は不明だが、京都相国寺《しょうこくじ》鹿苑院《ろくおんいん》の日誌『鹿苑日録《ろくおんにちろく》』には、「天守その他の建物に目を奪われた」と記されている。秀吉らしい豪華絢爛な外見だったようだ。

大坂城とつながる河港都市

伏見城南部には、**宇治川**が流れている。ここに宇治川が位置するのは、秀吉が堤《つつみ》を設けて、伏見城城下へと引き込んだからである。これにより、伏見城の築城を円滑に進めることが可能になった。伏見城を造るための建築資材は宇治川から運ばれ、**御船入**という河港を通って陸地に持ち込まれた。

また、伏見は宇治川を介して大坂城とつながったことで、**商業都市として成長する**ことにもなる。大坂と京都を結ぶ地点にあるため、河川交通が開けたことによって、一大物流拠点へと変貌したのだ。大坂・伏見間は水路で、伏見・京都間は陸路でつながる交通網が形成されたことにより、伏見城の重要性は高まることになる。高い防御力を備えたのも、こうした点が考慮されたからだろう。

戦場となった伏見城

秀吉によって強化された伏見城は奇《く》しくも、豊臣恩顧の大名によって破壊されることとなる。木幡山伏見城が完成した翌年、城主である秀吉が病死すると、秀吉の遺言により、伏見城は徳川家康の預かりとなった。

そして慶長5年（1600）、伏見城は関ヶ原の戦いの前哨戦の舞台となる。東軍約1800人が籠る伏見城に、約4万の西軍が攻撃を仕掛けたのだ。伏見城は容易に落ちなかったが、圧倒的な兵力差を前に、東軍は敗北。伏見城は焼失した。その後、東軍によって再建されて、畿内防衛の拠点とされた。

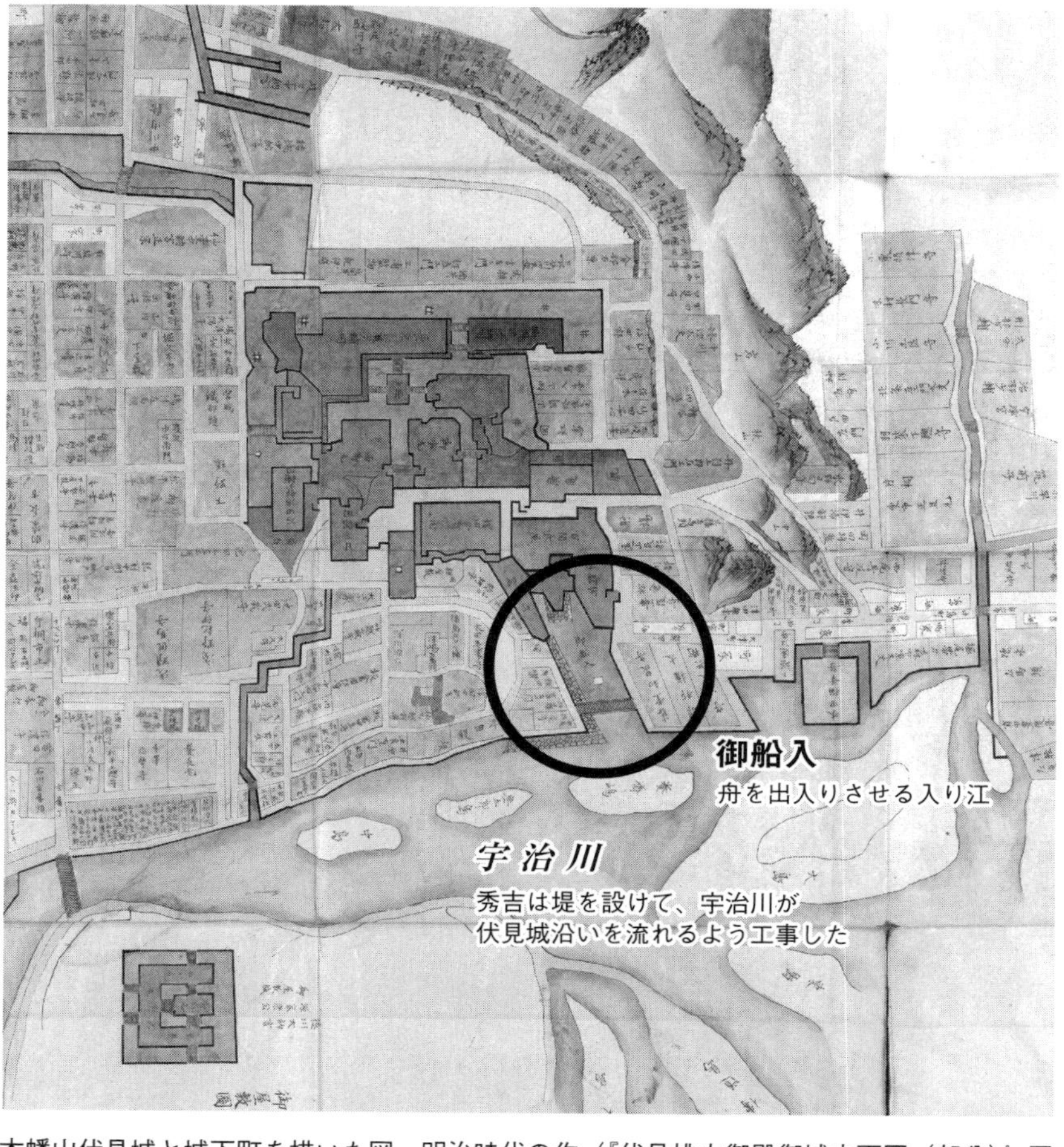
御船入
舟を出入りさせる入り江
宇治川
秀吉は堤を設けて、宇治川が
伏見城沿いを流れるよう工事した

木幡山伏見城と城下町を描いた図。明治時代の作（『伏見桃山御殿御城之画図（部分）』国会図書館所蔵）

城の間取り 05

江戸城【えどじょう】（東京都）

日本最大級にして最強だった城

最大級にして最強の城

江戸城は、日本最大級の城郭《じょうかく》である。総面積は内郭《ないかく》だけで約30万6760坪（幕末時）と、他の城を圧倒している。それだけではない。慶長8年（1603）以後、**全国から動員された大名たちが、技術の粋を集めて改修を施したため**、防御力も日本トップクラスである。

図を見ると、巨大な本丸が、幾重にも覆われているのがわかる。本丸の外側は水堀で、その周囲を二の丸、三の丸、西の丸、北の丸が覆っている。そのさらに外側には、大名屋敷が配された。

防衛上特に重要な、正門の大手門から見てみよう。正面の高麗門《こうらいもん》をくぐると、石垣に囲まれた四角い空間が見えてくる（桝形虎口《ますがたこぐち》）。右折して渡櫓門《わたりやぐらもん》をくぐれば、二の丸や三の丸方面へと侵入可能だ。だが、渡櫓門内部には多くの武器が備えられており、守り手は上方から侵入者を攻撃することができた。しかも、渡櫓門は全長40メートル、幅7・9メートルと巨大なものだった。侵入者は、多人数から集中射撃を受けることになる。

さらに、石垣の壁には鉄砲や弓で攻撃できるよう、**横矢掛《よこやがかり》**という凸凹が、連続して設けられた。小さな穴で気づきにくいため、侵入者はどこから攻撃されているか、

◎江戸城の間取り図

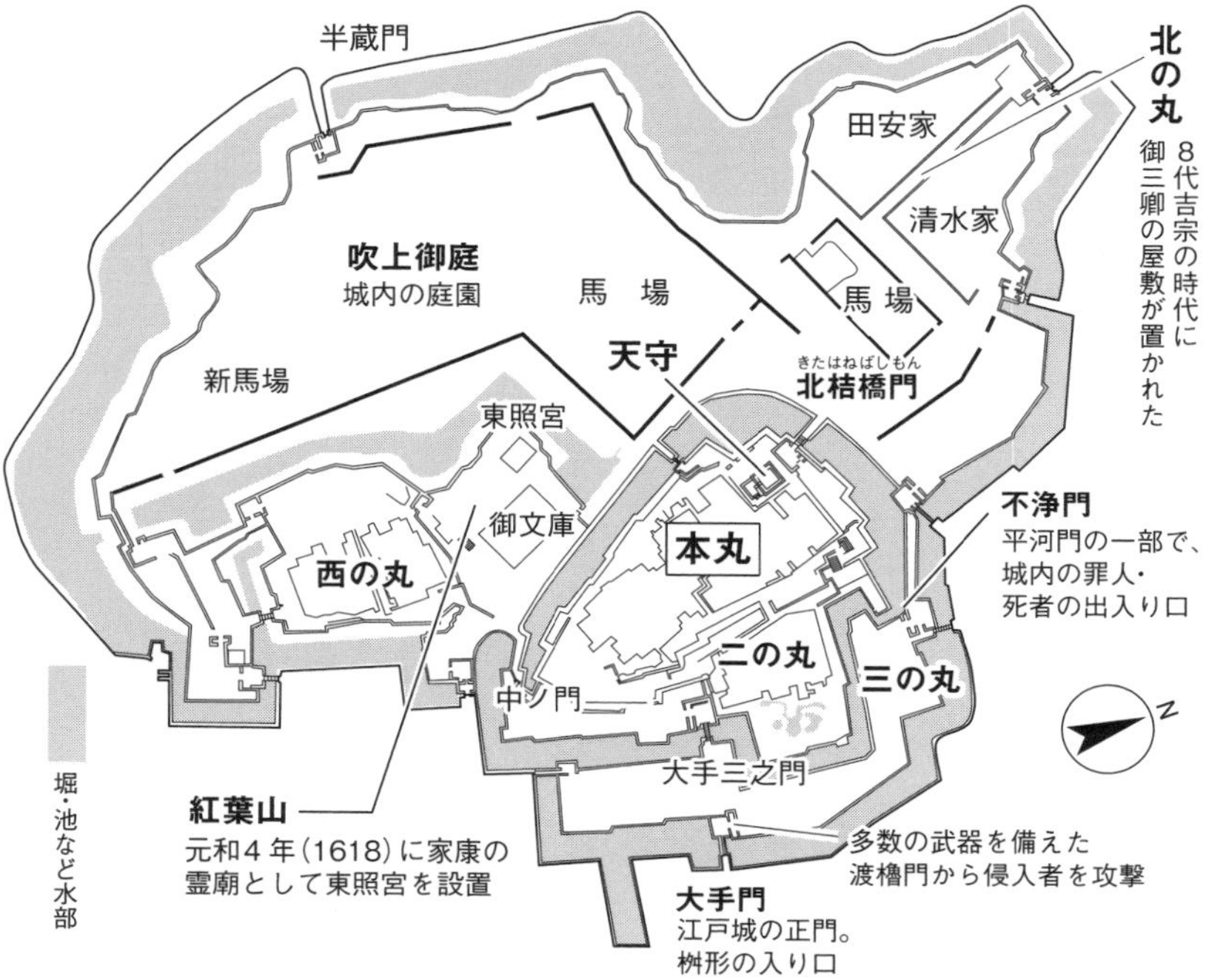

◎基本データ

- 徳川家康が全国の大名を動員して強化した居城
- 広大な本丸を幾重もの巨大な曲輪が囲む構造
- 本丸の南北には、防御力の高い構造を何重にもわたって採用（北は馬出、南は桝形虎口）
- 家康が慶長12年（1607）に完成させた天守は、大天守と三つの小天守が渡櫓でつながる連立式
- 地上五階地下一階の五重天守で、天守閣の高さは日本最高の約51m。姫路城の天守閣より高い
- 天守台の石垣は強度の高い算木積で構成

◎本丸の防御

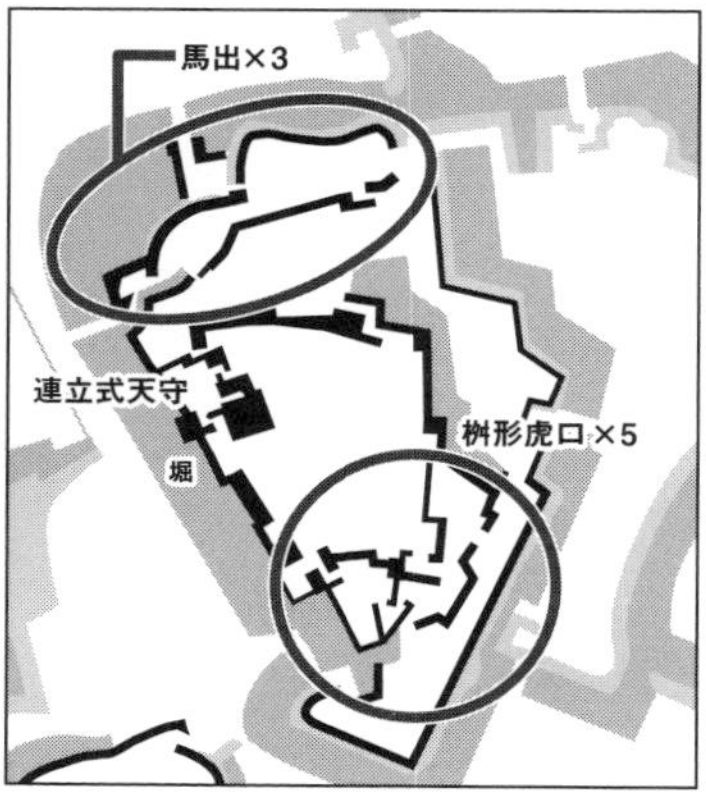

判断しにくいだろう。城壁に用いられた石垣は、高さが最高で約20メートルにもなったから、上って攻略することも難しかった。敵は高麗門に侵入した矢先に、攻撃にさらされる可能性があったのだ。

このような桝形構造が、本丸南側には五重にもわたって設置された。天下の名城・熊本城と同じ構造である。桝形構造を重ねることで、防御力を高めることができたのはもちろん、城門の開閉が敵に気づかれにくくなるメリットがあった。

さらに、本丸北部の出入口には、入口を守るための**馬出**《うまだし》という構造を、三重にわたって配置した。これも、防御力を高める工夫である。

江戸城が造られた頃は、大坂に豊臣秀頼が健在だった。そのため家康は、戦に備えて鉄壁の城を造ろうとしたのだろう。

天守にも戦うための工夫が

江戸城は、天守にも戦うための工夫が施された。地上五階地下一階の五重の天守で、高さは姫路城より20メートルも高かった。天守台の石垣は、攻撃に備えて崩れにくい**算木積**《さんぎづみ》だ。また何より、単独の天守ではなく、大天守と複数の小天守をつないだ、**連立式天守**だった。

連立式天守は、防御力の高い形式である。経路を複雑化すると共に、各天守をつなぐ櫓の上から、敵を攻撃することができる。侵入は、容易ではなかっただろう。

なお、天守のすぐ北には、城外へとつながる北桔橋門《きたはねばしもん》が見えるが、この門は防御力を高めるために、石垣を堅牢な野面積《のづらづ》みにした他、橋は下げ降ろし可能な跳ね橋にされた。

ただ、徳川の天下が安定し、戦《いくさ》の心配がなくなると、堅牢な天守は必要とされなくなった。秀忠、家光の時代には火事で焼失しても再建されたが、家光の時代に再び大規模火災で焼け落ちると、それ以降に天守は築かれなかった。再建されたのは、天守台のみである。その後、幾度か天守再建は検討されたが、実現することなく明治時代を迎えている。

◎寛永15年（1638）再建時の江戸城天守の図面

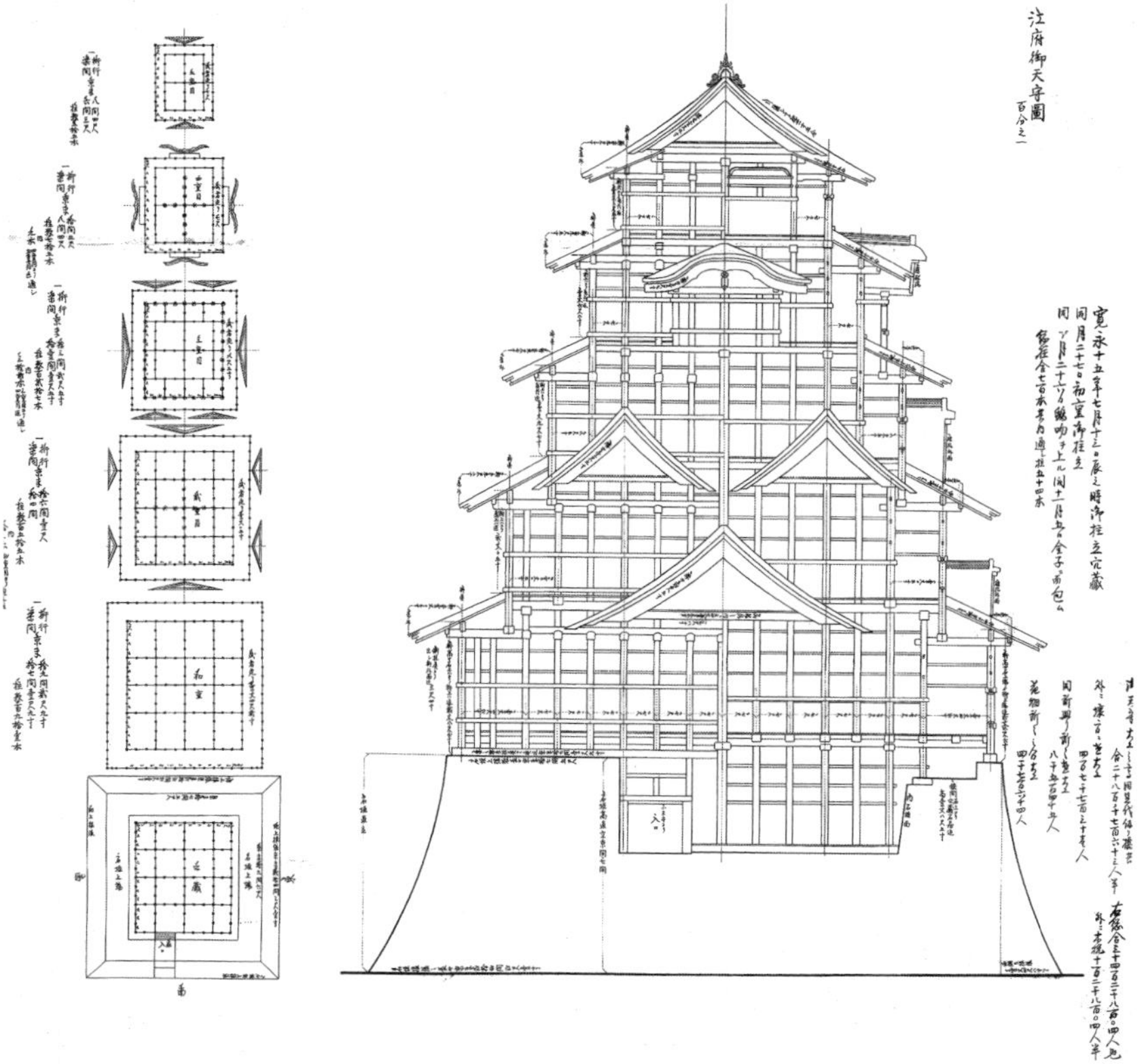

二度目の火事を受けて３代家光が再建したときの図面。石垣を含めた高さは約60メートル。この天守も約20年後に焼失。以降、天守本体は再建されなかった（『江戸城御本丸御天守 1/100 建地割』都立図書館所蔵）

城の間取り 06

駿府城【すんぷじょう】（静岡県）

家康の隠居城は江戸の西を守る防波堤

江戸の西の守りとして改築

駿府城は、隠居した徳川家康の終《つい》の棲家《すみか》である。今川家の館のあった場所を城へと改築。さらに家康は、関ヶ原の戦いに勝利し、将軍職を子の秀忠に譲ったのち、全国の大名を動員して大改修を施した。これにより、当時最大規模の城として、生まれ変わることとなった。駿府城は、東海道の要衝に位置する。そのため**江戸の西を守る防波堤として、強固な城へと整備されたのである。**

その構造は、本丸を二の丸、三の丸と三重の堀で囲んだもの。改

徳川家康

◎基本データ

- 隠居後の家康の城。天下普請により改築された
- 慶長 12 年（1607）に完成、火災に遭うも、慶長15年（1610）に再建された
- 江戸を豊臣家や西国大名から守る砦として整備
- 天守は五重（もしくは六重）七階建て。家光の時代に焼失すると、それ以降は再建されなかった
- 家康死後、寛永元年（1624）に家光の弟の忠長が城主となる
- 忠長が寛永８年（1631）に蟄居を命じられると城主不在となり、城代が置かれた

◎駿府城の間取り図

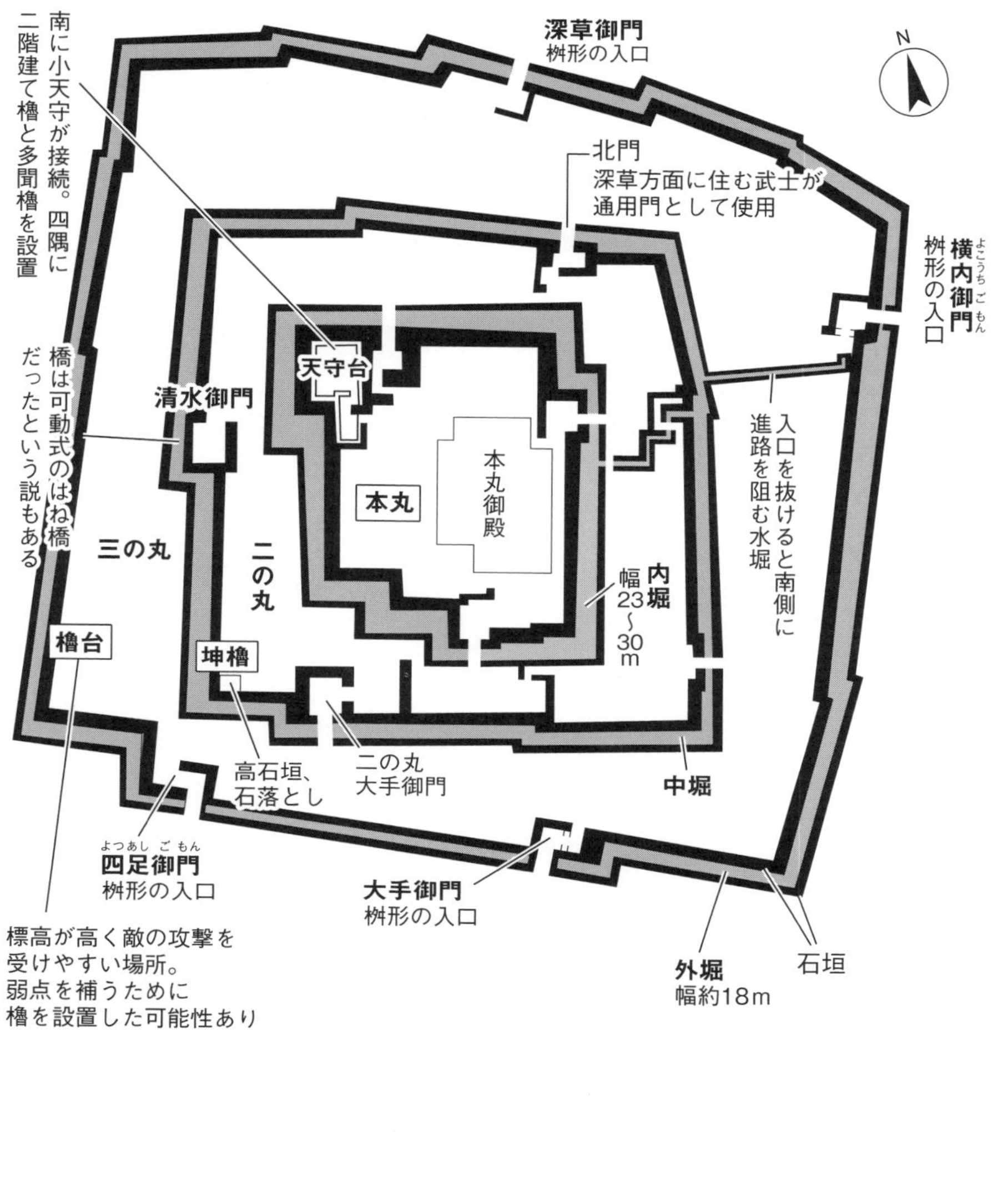
深草御門
枡形の入口
N
北門
深草方面に住む武士が通用門として使用
南に小天守が接続。四隅に二階建て櫓と多聞櫓を設置
横内御門《よこうちごもん》
枡形の入口
天守台
清水御門
橋は可動式のはね橋だったという説もある
入口を抜けると南側に進路を阻む水堀
本丸
本丸御殿
三の丸
二の丸
内堀
幅23～30m
櫓台
坤櫓
高石垣、石落とし
二の丸大手御門
中堀
四足御門《よつあしごもん》
枡形の入口
大手御門
枡形の入口
標高が高く敵の攻撃を受けやすい場所。弱点を補うために櫓を設置した可能性あり
外堀
幅約18m
石垣

築前からこの構造だったが、大改築によってより洗練された形となった。

もっとも外側の三の丸は、幅約18メートルの外堀に囲まれていた。外堀から内部へ入るには、東西南北に一棟ずつ配置された、門を通る必要がある。だがいずれの門も、敵がまっすぐ侵入できないよう、四角い空間を備えた枡形《ますがた》の構造をしていた。東側の横内御門《よこうちごもん》の先にはさらに、南方への進路を塞ぐように、水堀が走っている。

三の丸内部で注目すべきは、**南西隅角の巨大な櫓台《やぐらだい》**だ。この場所は、駿府城の敷地内でもっとも標高が高い。つまり、敵の攻撃を受けやすい場所である。この弱点を補うべく、巨大な櫓が設けられたのではないかとも言われている。

二の丸内西方も、攻撃を受けやすいという弱点を、カバーするかのような構造である。西側の入口は、清水御門《しみずごもん》のみ。多聞櫓《たもんやぐら》（長屋のように横長の櫓）を備えた防御力の高い門である。守りを固めるために、三の丸から清水御門に続く橋は、可動式の跳ね橋だったという説もある。

「清水御門を諦めて、他の箇所から堀を越えて侵入しよう」という敵に対しても、備えがあった。南西にある坤櫓《ひつじさるやぐら》は、東側の石垣よりも高い、高石垣《たかいしがき》となっている。石垣から侵入を防ぐのが目的だ。

また、侵入者に石や熱湯、弓、鉄砲などで攻撃できるよう、石落としという穴も設けてある。しかも坤櫓の石落としは、堀側に張り出した構造である。敵が三の丸を越え、さらに堀を進んで櫓に迫ってきても、侵入者は攻撃にさらされることになっただろう。

また、標高の低い東側は、水路を活用した構造となっている。東側をみると、内堀と中堀を繋ぐL字水路がある。途中には、水門も置かれている。これにより、水堀の水位を一定に保つことができる。水門にも櫓が備えられており、防備は徹底されている。

天守の守りも万全

もっとも守りが強固だったのは、本丸だ。内堀の幅は23～30メートル、中心部に本丸御殿《ごてん》が置か

1996年に復元された東御門。資料館として公開されている

れた。天守は北西部に位置しており、**五重（もしくは六重）七階式である**。四隅を多聞櫓で囲んだ他、小天守を置いて天守曲輪《くるわ》を形成。要所は二重櫓を、正面口の御門には桝形《ますがた》空間を配するなど、厳重な構造である。天守は改築中に一度焼失するが、慶長15年（1610）に再建されている。

家康がここまで強固な城を築いたのは、改築完了時に豊臣家や西国大名の蜂起が、現実的な脅威だったからである。東海道は西国大名が江戸へ向かうルートとなる。その途上にある駿府城は、江戸防衛の最前線基地となるだろう。だからこそ、防衛機能も重視されたのである。

もっとも、大坂の陣で豊臣家が滅亡し、西国大名も力を削がれると、駿府城はさほど重要ではなくなった。大半の期間は城主が置かれず、絢爛《けんらん》な天守も家光の時代に焼失すると、再建されなかった。

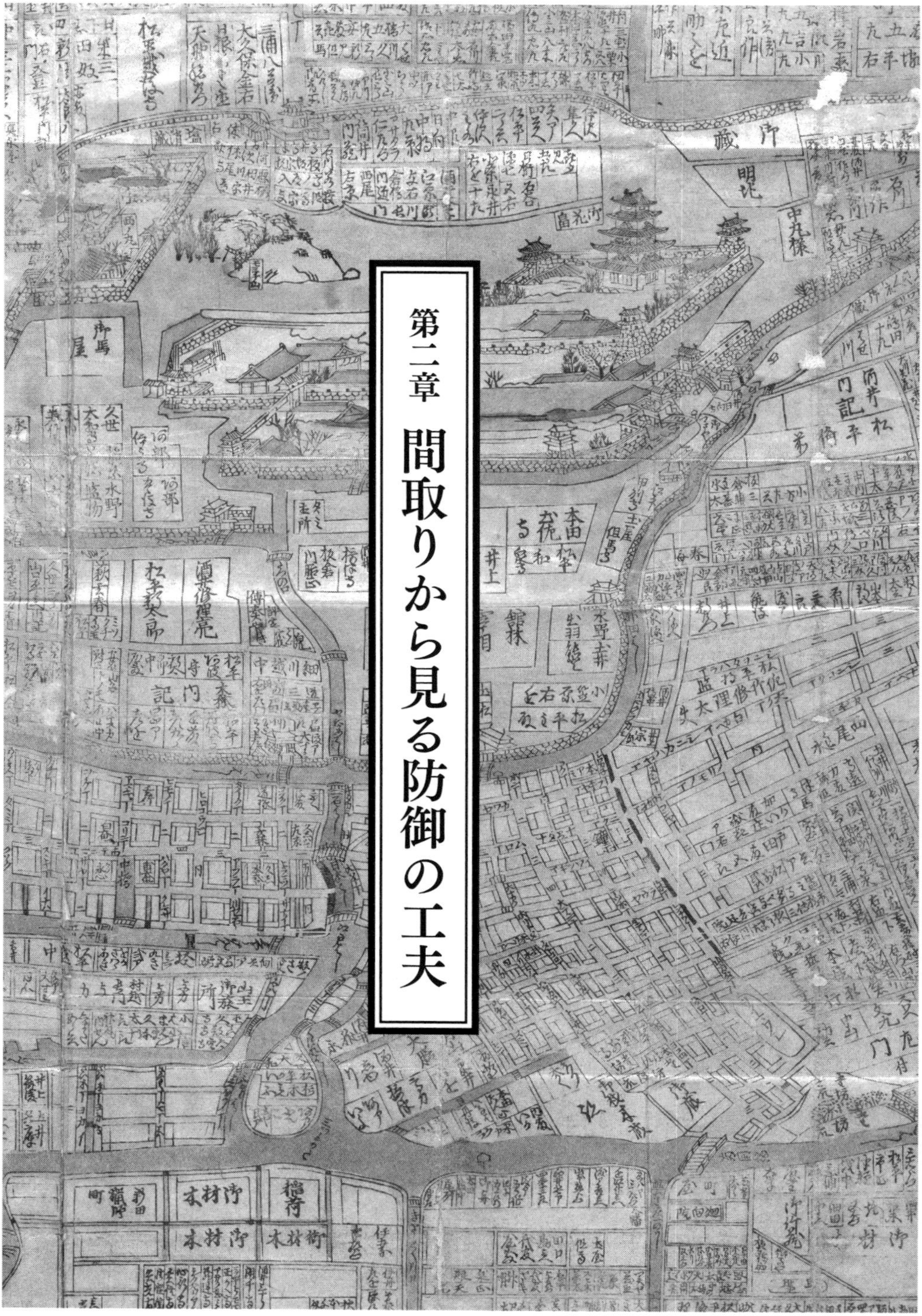

第二章　間取りから見る防御の工夫

城の間取り 07

彦根城【ひこねじょう】（滋賀県）

巨大な溝で敵の侵入を阻む

東西をつなぐ交通の要衝

城は通常、城を治める大名が負担して造るものだが、なかには幕府が全国の大名に命じて造らせた城もある。その一つが、滋賀県の金亀山《こんきさん》（彦根山）に築かれた**彦根城**である。

なぜこの地に、幕府は彦根城を築かせたのか？　それは、**金亀山が琵琶湖に程近い場所にあるため**である。琵琶湖は近畿と北陸・東海道を結ぶ交通の要衝で、経済・軍事的な重要地点だった。それにこの地なら、大坂城に健在だった豊臣秀頼に、にらみを利かせることもできる。だからこそ、慶長8年（1603）に彦根城の築造が始まって以降、幕末まで譜代大名の筆頭である井伊家の居城とされたのである。

新旧様式のハイブリッド

彦根城の特徴は、**戦国と江戸様式のハイブリッドだったことにある**。

山地に建てられたために、基本的な構造は、戦国時代の山城に近い。図をみると、各曲輪《くるわ》が南北に一直線に配された、シンプルな構造である。中央部が本丸で、その南側には太鼓丸《たいこまる》と鐘《かね》の丸《まる》が配され、周辺を広大な内堀で囲っている。外側には二の丸と中堀があり、さらに外郭《がいかく》が城下町と外堀で覆わ

◎彦根城の間取り図

◎基本データ

- 徳川家康が諸大名を動員して築城
- 築城場所に選ばれたのは船舶交通の要衝である琵琶湖の東岸（金亀山）
- 慶長９年（1604）に築城開始
- 慶長11年（1606）に天守完成
- 曲輪を南北に連ねた連郭式平山城
- 推定範囲は東西約1.4km、南北約1km

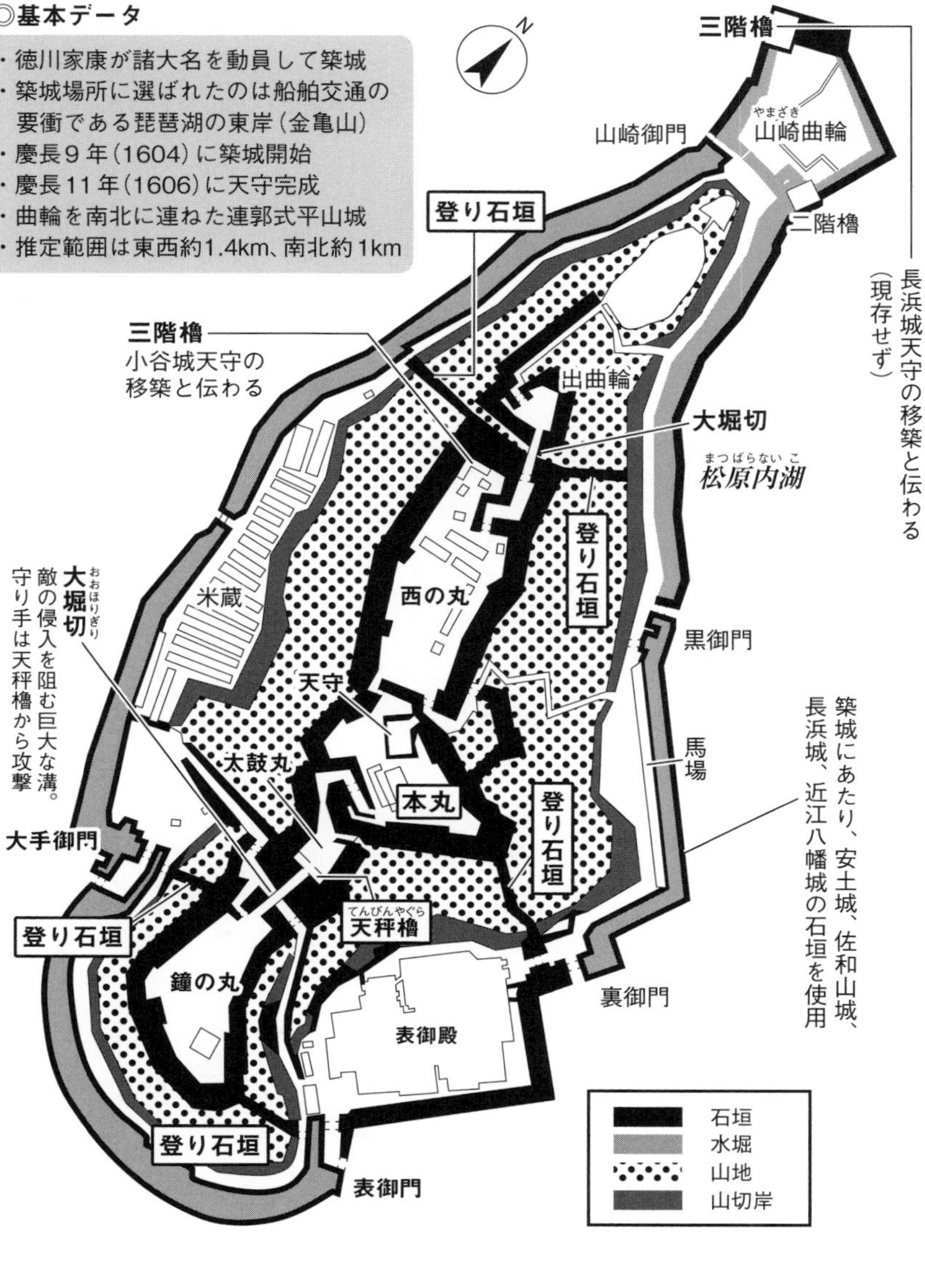

れている。

一方で、構造内に備えた設備は、江戸時代になって採用された、守りの工夫が随所に見られる。

他の堅牢な城と同じく、各曲輪の外壁は石垣で構成されたが、彦根城の何よりの特徴は、**大堀切**《おおほりぎり》という巨大な溝である。敵の侵入を防ぐために、この大堀切が複数設けられていた。

たとえば、敵軍が大手門と表御門《おもてごもん》から侵入し、道沿いに進んで鐘の丸北部で合流しても、その先の本丸へ向かうには、大堀切を越えなければならない。堀は高さ10メートルを超える急斜面の石垣で、下りるのも登るのも容易ではなかった。本丸へと這い上がろうにも、本丸側の天秤櫓《てんびんやぐら》から迎撃できるようになっていた。味方が移動するときには橋が架けられたが、いざというときには橋を落とすことができるという、念の入れようだった。

西の丸の北側にも、大堀切は設けられた。しかも左右には、**登り石垣**が伸びている。登り石垣は、高さ1～2メートルの石垣を、斜面を登るように配した構造である。彦根城にはこの登り石垣が、5カ所にわたって配された。表御門と大手門沿い、本丸南西端などである。山斜面からの侵入を防ぐとともに、石垣上の土塀から敵を迎撃することが可能だ。

鐘の丸と本丸の間に掘られた巨大な溝・大堀切

天守の入口が二つあった理由

本丸天守の構造も独特である。四重もしくは五重五階の旧天守（大津城の天守と伝わる）を移築して、三重三階の天守として造られた。形式の古い、小ぶりな天守であるものの、彦根城天守ならではの工夫もある。**入口が2カ所設け**

◎江戸時代の彦根城本丸周囲の構造

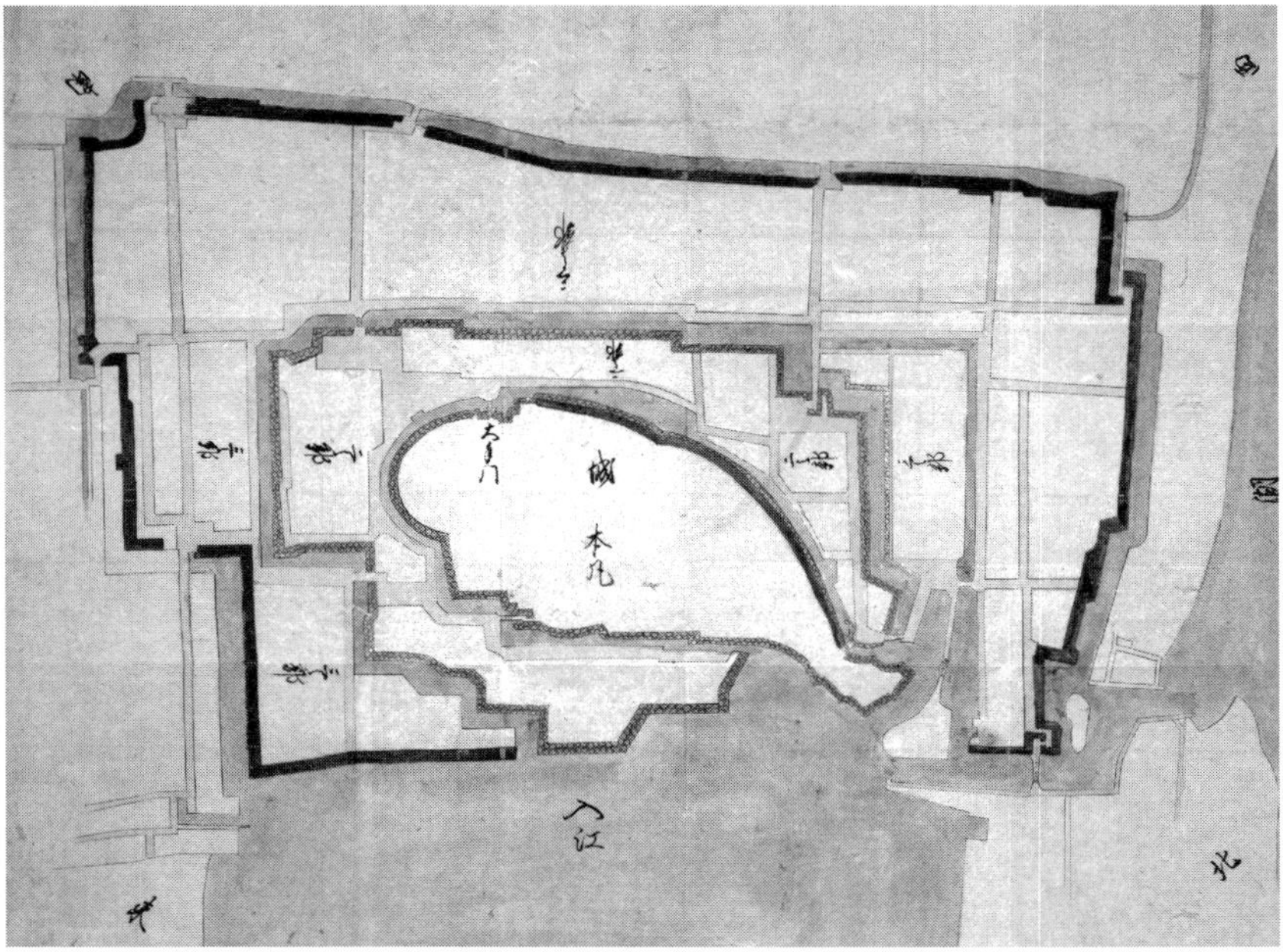

彦根城の外堀は琵琶湖につながっていた。だが、外堀は明治時代になると徐々に埋め立てられ、戦後にはマラリアの発生源であることを理由に、完全に埋め立てられた。内堀・中堀は現存（『日本古城絵図 彦根城』国会図書館所蔵）

られたのである。敵が予想しない場所に入口を設けることで、奇襲を可能としたのだ。

一つは、正式な入口である玄関口で、天守台の石垣内から地下室を経て、一階へと入っていく。

もう一つは、櫓に設けられた入口である。「く」の字に曲がった続櫓《つづきやぐら》を通り、付櫓《つけやぐら》の中から入るルートだ。ここから、**玄関へ侵入した敵を攻撃することができた**。

結局、彦根城は一度も戦場とならなかったが、明治時代に運よく廃城とならず、天守をはじめとした遺構が、現在も残されている。

城の間取り 08

松本城【まつもとじょう】（長野県）

平時と戦時の構造が同居した国宝天守

巨大天守は家康への備え？

松本城は、日本に5城しかない、天守が国宝に指定された城である。多くの城の天守は、火災で焼失したり、明治以降に廃城になったりしたが、松本城天守はそうした危機を乗り越えて、江戸時代の姿を現在に残している。しかも**日本に3例しかない、五重六階建ての巨大天守**である（他は姫路城と松江城）。

天守が建てられたのは、豊臣秀吉が北条氏を下した数年後のこと。徳川家元重臣で秀吉に仕えた石川数正《いしかわかずまさ》と、その子の康長《やすなが》の指揮による。家康を牽制する目的があったために、秀吉から巨大な天守を許されたのではないか、とも言われている。

石垣や内堀に施された工夫

石川氏は、この地にあった深志《ふかし》城《じょう》という城を改築して、松本城を築いた。この際、土塁だった外壁の多くが、石垣に変えられた。**本丸の石垣の高さは、最大約8メートル**。それ以外の場所でも、平均約5メートルもの石垣が設けられた。

石垣の外壁には、攻撃のための工夫が凝らされた。外壁は、所々を小さく折り曲げて配置され、壁の随所に、射撃用の穴が開けられた。この折れ曲がった構造を、**屏**《びょう》

◎松本城の間取り図

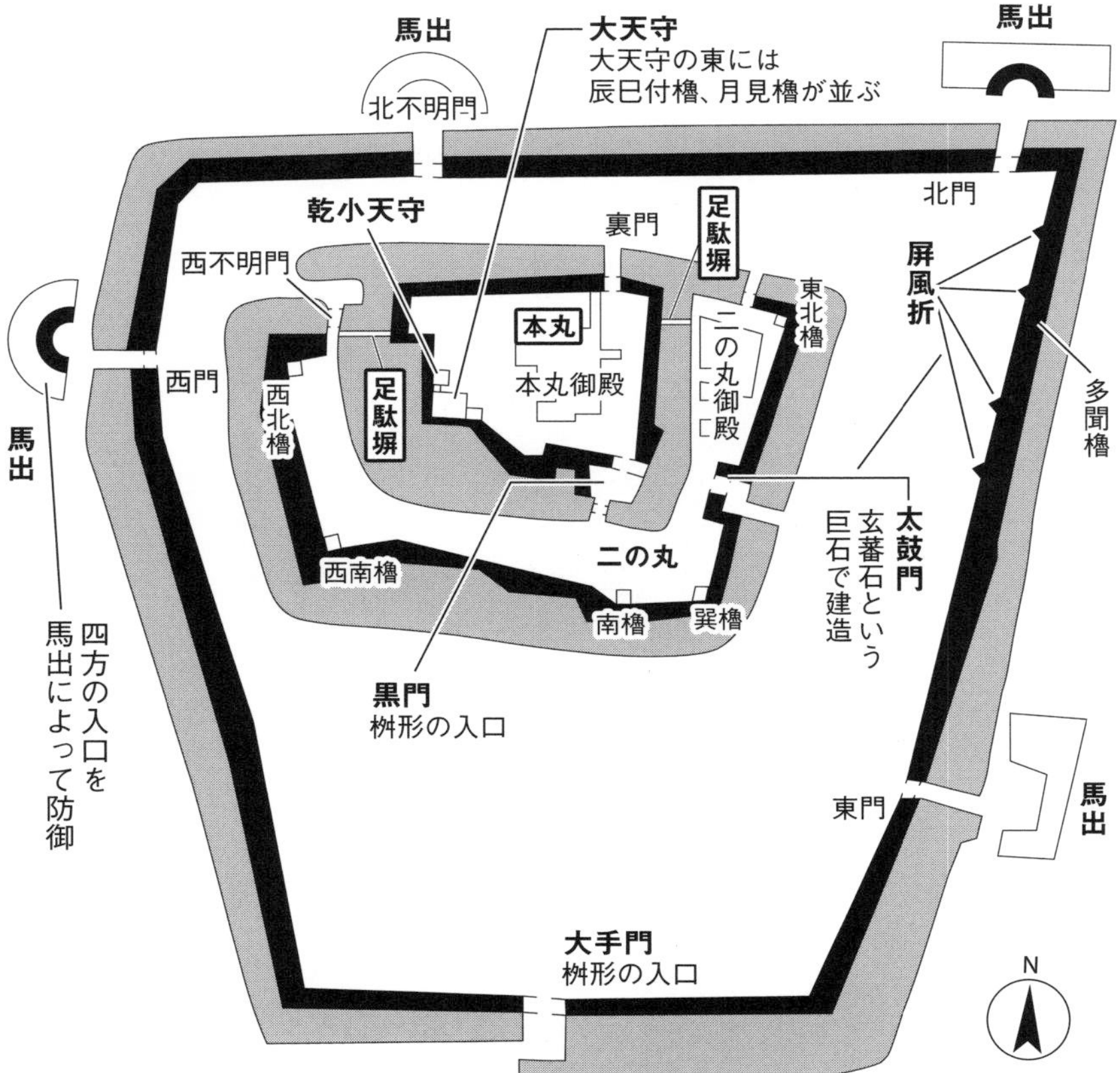

◎基本データ

- 戦国時代に造られた深志城を改築
- 天正18年(1590)、小田原城開城後に家康元重臣で秀吉家臣の石川数正と、その子である康長が改築
- 本丸を自然と他の曲輪が取り囲む梯郭式と、曲輪で囲い込む輪郭式を合わせた構造
- 現存する最古の五重六階天守
- 大天守と乾小天守は軍事設備を多く設置

風折《ぶおれ》という。これにより、多方向から敵を攻撃することが可能である。屏風折れは本丸から三の丸まで全ての外壁に採用されており、土塁の残った二の丸東壁には特に多い。

また、本丸南部の黒門は、これまで何度か紹介した、桝形虎口《ますがたこぐち》である。入口を進むと桝形の四角い空間があり、その先へ進むには、一度曲がって進路を変える必要があった。守り手はこうした敵に、櫓などから攻撃を加えることができた。二の丸東部の太鼓門《たいこもん》にも玄《げん》蕃石《ばいし》という大岩を配して、簡易の桝形をつくっている。

さらに松本城は珍しいことに、**内堀に「足駄塀《あしだべい》」という板塀が設けられていた**。板の高さは、約1メートル（水面上より）。場所は二の丸の北西端・北東端の2カ所で、本丸と連なる場所だ（現存せず）。外堀と内堀を隔てることと、籠城戦で味方の桟橋代わりにすることが、想定されていたらしい。

太鼓門を構成する玄蕃石。重さ約22.5トン。築城した玄蕃頭康長の名にちなむ

平時と戦時の構造が同居

天守にも、防御の工夫が凝らされた。戦国時代末期に石川氏が完成させた天守に、江戸時代の城主たちが改良を加えたことで、**平時と戦時の備えが同居した構造になっている**のだ。

戦国時代に造られたのは、大天《だいてん》守《しゅ》と乾小天守《いぬいこてんしゅ》、それにこれらを繋ぐ渡櫓《わたりやぐら》である。いずれにも、弓や鉄砲で攻撃するための狭間《さま》という穴が設けられ、その数は115にも達した。また一階四隅と壁中央には、敵を石などで攻撃できるよう、石落としも11カ所に設けられた。

また、敵の攻撃に耐えるための工夫もみられる。大天守は下層に

◎馬出とは

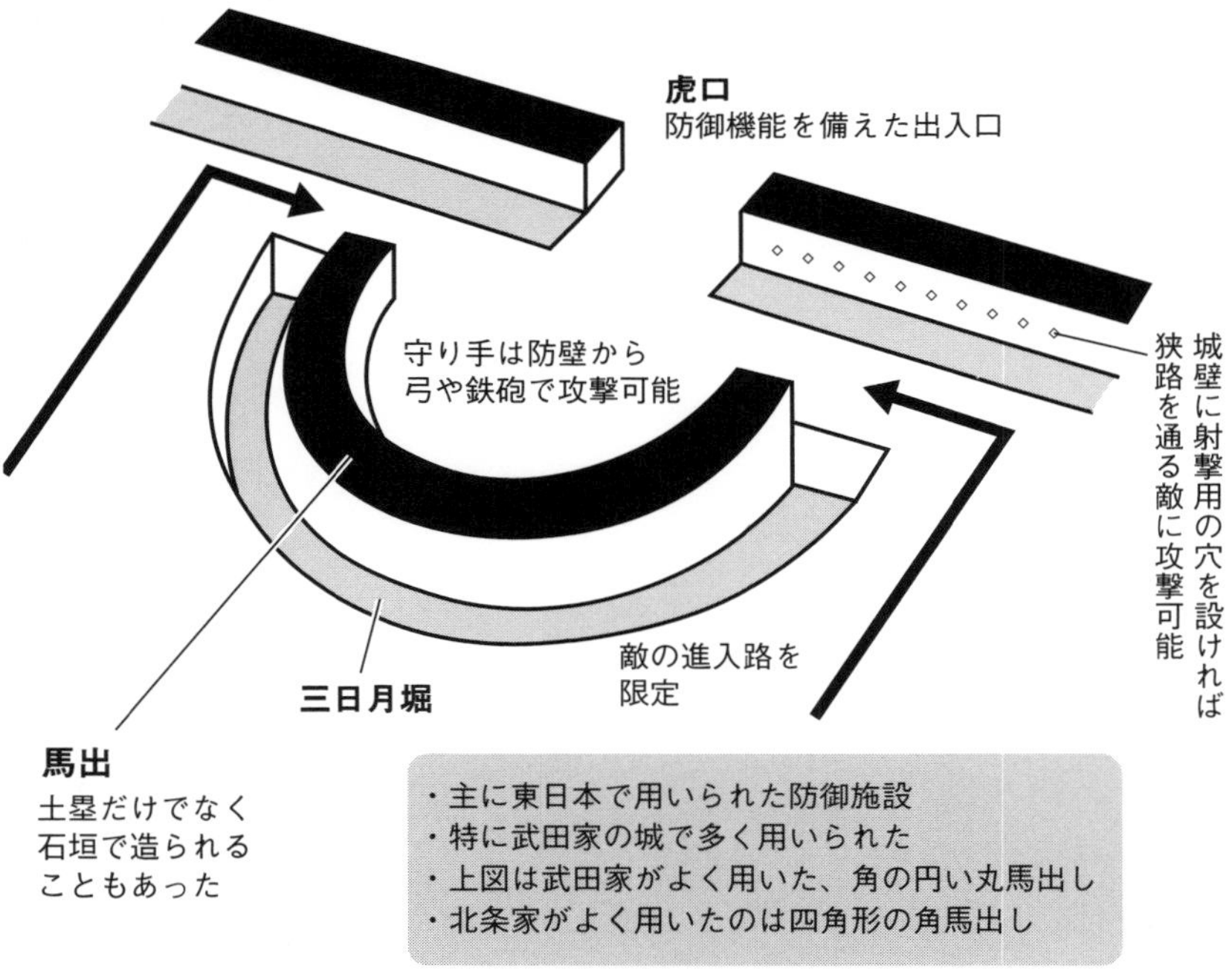

防御機能を備えた出入口
守り手は防壁から

狭路を通る敵に攻撃可能
敵の進入路を

土塁だけでなく
石垣で造られる
こともあった
・主に東日本で用いられた防御施設
・特に武田家の城で多く用いられた
・上図は武田家がよく用いた、角の円い丸馬出し
・北条家がよく用いたのは四角形の角馬出し

いくにつれて、壁が分厚く造られたのだ。二階の壁の厚さは、約29センチメートル。これなら弓や鉄砲の貫通を、防ぐことができただろう。

一方で、江戸時代初期に造られた辰巳附櫓《たつみつけやぐら》と月見櫓《つきみやぐら》には、防衛設備がほとんどない。回縁《まわりぶち》に朱の漆が塗られ、天井は船の底のような形をするなど、平時を意識した造りである。それは寛永10年（1633）、**徳川家光の松本来訪に備えて造られた宴会用の設備だったからだ**（家光来訪は翌年を予定していたが、中止となる）。秀吉の家臣によって造られた巨大天守は、徳川家を迎えるための天守へと変貌したのである。

城の間取り 09

名古屋城【なごやじょう】（愛知県）

攻めやすそうで攻めにくい工夫が随所に

シンプルながら高い防御力

名古屋城は、尾張国《おわりのくに》（愛知県）の中心地に位置する。慶長15年（1610）、徳川家康が西国の大名を動員して築造を開始した城だ。豊臣家への牽制と、東海道の支配力強化が目的である。

それ以前、尾張国の中心地は清洲城《きよすじょう》だったが、この地は水害に弱いという欠点があった。そこで家康は、水害が少ない那古野城跡《なごやじょうあと》地に、尾張支配の拠点として、新たな城を築いたというわけだ。

直線的な構造が多く、一見すると攻めやすそうだが、実は至るところに敵の侵入を防ぐ工夫が施されている。豊臣秀頼や西国大名の江戸侵攻に備えた城だったため、**名古屋城には当時の築城技術が結集された**のだ。

まず、入口を限定するために、本丸を囲む四つの曲輪《くるわ》は、水堀で仕切られていた。水堀の幅は約70メートルあったとされている。

限られた入口から各曲輪に入っても、本丸へ渡るには、幅の狭い土橋を通らなければならない。敵が1カ所に限定されるため、守り手は城壁に設けた穴や櫓《やぐら》の上から、集中的に射撃を加えることができる。また攻略された曲輪から別の曲輪へ侵入されないよう、本丸を囲う各曲輪を独立する工夫もみられた。

さらに、各曲輪入口にはいずれ

◎名古屋城の間取り図

※空堀は城内から弓・鉄砲が届く深さ
※城の北方は湖沼で進軍は困難

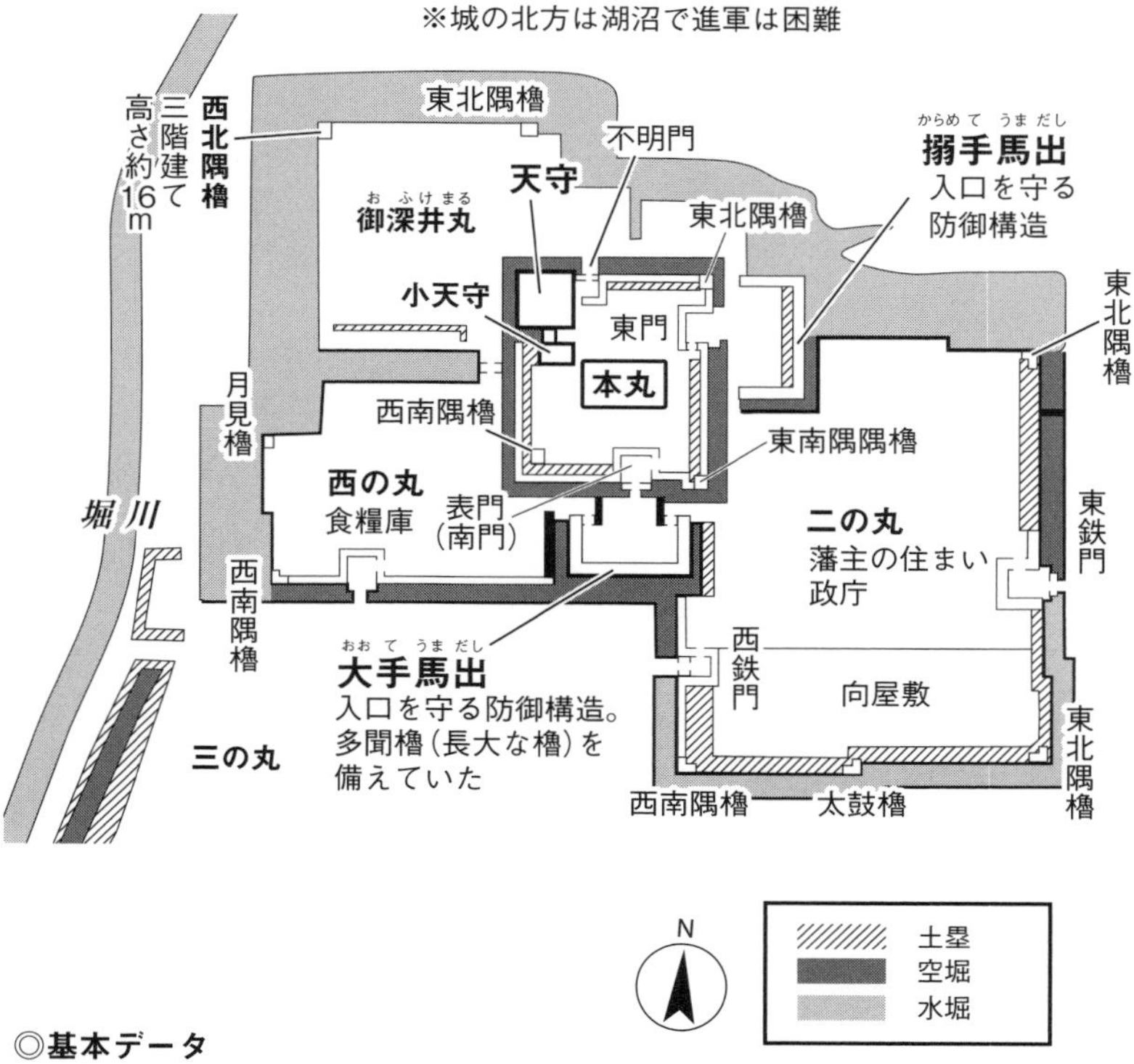

◎基本データ

・御三家の一角である尾張徳川家の居城
・慶長15年(1610)に徳川家康が西国の大名を動員して築城
・本丸を各曲輪が囲む梯郭式平城(平山城)
・大坂城、熊本城と並ぶ日本三名城の一つ
・本丸南に大手馬出、東に搦手馬出を設置
・西の丸は御蔵構えと呼ばれた食糧庫
・最も広い二の丸が政治の中枢
・将軍の宿泊所だった本丸御殿は華美な内装
・天守は地上五階地下一階の五重式

も、二段構えで門が造られた。橋を渡って一つ目の門を通ると、枡《ます》形《がた》の空間が広がり、次の門は右折した先にある。こうすることで、守り手は櫓の上や敵の側面に設けた穴から、弓や鉄砲で攻撃することが可能である。

本丸の三つの門も、同じく桝形を配して防御力を向上させた。しかも入口の周りには、**総石垣の巨大な壁**（馬出《うまだし》）が設けられた。表門の外側にあった大手馬出《おおてうまだし》は特に大きく、上から攻撃できるよう、長大な櫓も備わっていた。

各曲輪の堅牢な機能

本丸を囲う曲輪も紹介しよう。西の丸は「御蔵構え《おくらがま》」とも呼ばれた食糧庫で、5棟の米蔵が置かれていた。天保5年（1834）には六番蔵が新設され、合計で約4万俵の米を貯蔵できたという。

尾張藩初代藩主の徳川義直（『郷土勤皇事績展覧会図録』国会図書館所蔵）

もっとも広い二の丸には、城の政治中枢となる御殿《ごてん》が置かれた。当初は重臣の屋敷が建っていたが、初代尾張藩主の義直《よしなお》が本丸御殿の機能を移してから、江戸時代を通して藩主の住まい・政庁となった。

本丸後部を守る御深井丸《おふけまる》には、三重三階式の**西北隅櫓**《せいほくすみやぐら》が置かれた。高さは約16メートル。江戸時代から現存する三階櫓の中で、2番目に大きい。

この北方方面は曲輪が少ないが、湿地帯なので進軍は困難だ。また図の外側には、犬山から弥富《やとみ》までに広がる**御囲堤**《おかこいつつみ》という堤防もあった。御囲堤は防塁として利用することも可能である。

この他にも本丸の四隅、大手馬出に三基、西の丸に一基、二の丸に一基の多聞櫓が設置された。その総延長は約1241メートルもあったという。曲輪は全て石垣造りで、外郭に三の丸も置くという

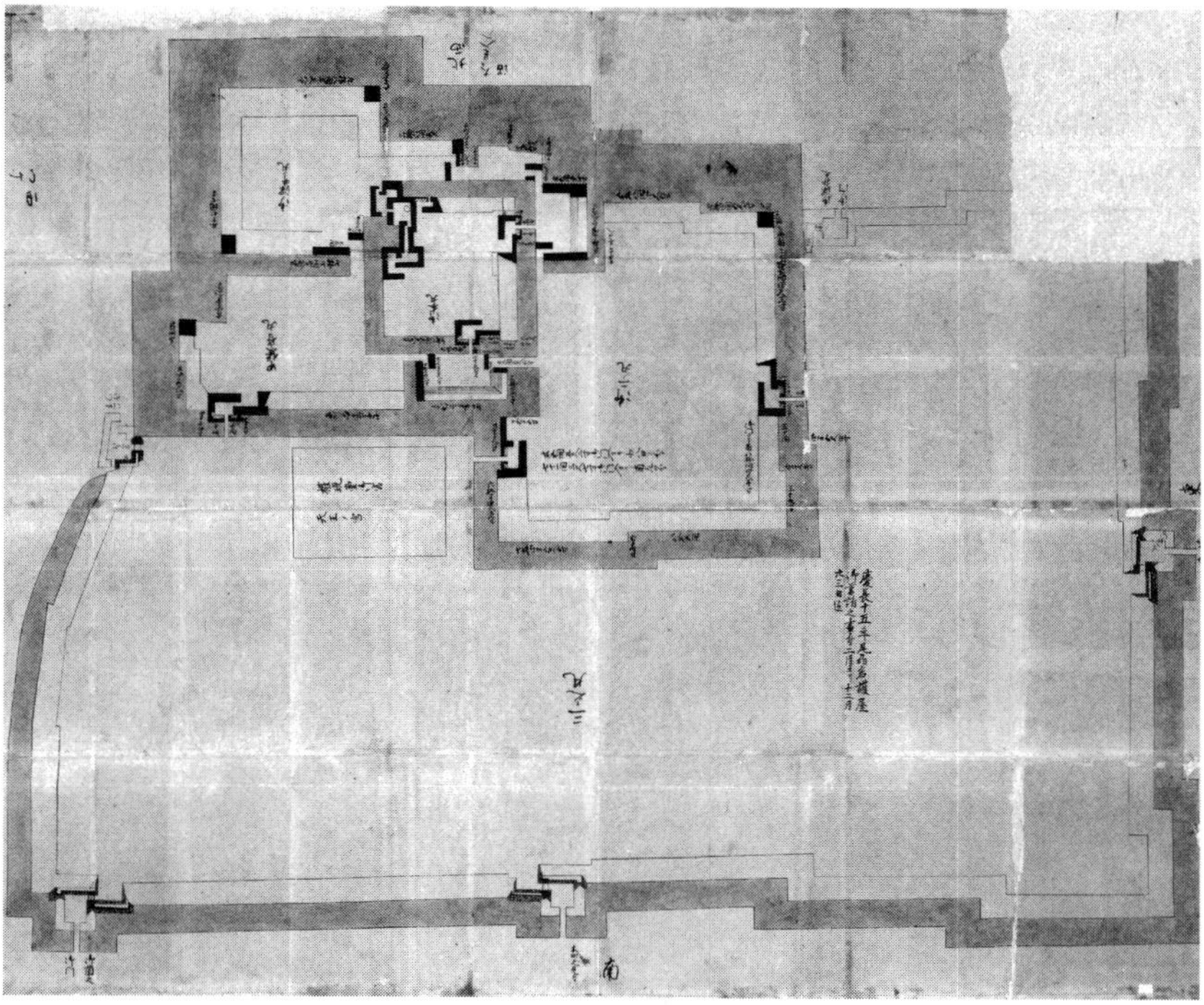

三の丸も含めた名古屋城の構造（『日本古城絵図 名古屋城図』国会図書館所蔵）

念の入れ用だった。

一方で、**天守は極めて美麗**だった。地上五階、地下一階の五重式層塔型で、千鳥《ちどり》・唐破風《からはふ》の装飾数は全国最多の22。内部には、最高格式の書院造が採用された。屋根には、有名な二匹の金鯱《きんしゃち》が設置された。将軍の宿泊所である本丸御殿も美麗を極めていたという。

それに小天守や櫓と連結することで、防備も強固だった。徳川御三家の居城にふさわしい、豪華にして防御力の高い城だった。

城の間取り 10

和歌山城【わかやまじょう】（和歌山県）

二つの峰を開発して造られた御三家の城

御三家の巨大な城

和歌山城は、徳川御三家の一角、紀州徳川家の居城である。元和5年（1619）に入城した徳川家康の十男頼宣《よりのぶ》によって、巨城に大改築された。

天守・本丸が建てられたのは、虎伏山《とらふすやま》という、二つの峰にわかれる山の頂だ。構造は、各曲輪《くるわ》が天守と本丸を囲む、同心円状となっている。図からは天守と本丸がつながって見えるが、二つの峰それぞれが開発されて天守と御殿《ごてん》が置かれたため、二つは分断している。そのうえで、各曲輪と水堀で本丸を包囲するという、隙のない構造である。

本丸を囲うのは、南の丸、二の丸、西の丸、砂の丸である。さらに本丸と南の丸の間には、松の丸も置かれている。

防御施設の工夫も多い。南の丸と松の丸を囲む石垣は、高さ十数メートルの高石垣《たかいしがき》で、頂点に近づくほど垂直となる急勾配だ。また、落城時に備えて、脱出口として不明門《あかずのもん》が南の丸に備わっていた。

松の丸櫓台の高石垣

◎和歌山城の間取り図

◎基本データ

・御三家の一角である紀州徳川家の居城
・元和5年(1619)に入城した徳川頼宣が改築
・さらに大きく改築される予定だったが、幕府に謀反の疑いをかけられたため中止
・本丸を自然や各曲輪が囲む梯郭式平山城
・天守は大天守、小天守と複数の櫓で中庭を囲む連立式。大天守は三重三階
・天守は弘化3年(1846)の落雷で焼失するが、嘉永3年(1850)に再建される。この天守も昭和20年(1945)に空襲で焼失するが、昭和33年(1958)に鉄筋コンクリートで復元

もっとも特徴的な設備は、天守である。構造は三重三階建て。厳重で複雑な形式である、連立式天守だった。小天守、二の門、二の門櫓、乾櫓《いぬいやぐら》を繋げた、ひし形のようなかたちである。また、徳川家にしか許されない三葉葵紋《みつばあおいもん》を鬼瓦に使い、格式の高い唐破風《からはふ》を玄関上部に用いるなど、**徳川御三家の居城にふさわしい絢爛《けんらん》さも併せ持っていた**。

不便だった山頂の本丸御殿

もっとも、時代が下って太平の世になると、和歌山城は住むための利便性が重視されるようになっていく。

もともとは本丸御殿が藩主やその家族の居住空間だったが、山頂に位置するために利便性が悪かった。そのため**江戸初期以降、本丸御殿に代わって二の丸御殿が政治と生活の中心地となり、西の丸は能舞台や庭園がある隠居の空間へと変化したのだ**。

二の丸と西の丸をつなぐ御橋廊下

こうした変化を受け、二の丸と西の丸を守る構造が、設けられることになる。

左の絵図をみるとわかるとおり、和歌山城の北方には、三の丸と紀ノ川を障壁とした防衛線も敷かれた。この防衛線により、二の丸と西の丸を守ったわけだ。

また、藩主への配慮が垣間見える構造もある。曲輪の間をよく見てほしい。二の丸と西の丸を繋ぐ、一本の細い道がある。**御橋廊《おはしろう》下《か》**という、藩主が移動するための橋である。堀上を斜めに走る橋は全国的にも珍しい。そこに屋根と壁が備わっていることにも注目したい。これによって、藩主の姿は外から見えず、雨天でも濡れにくくなるというわけだ。

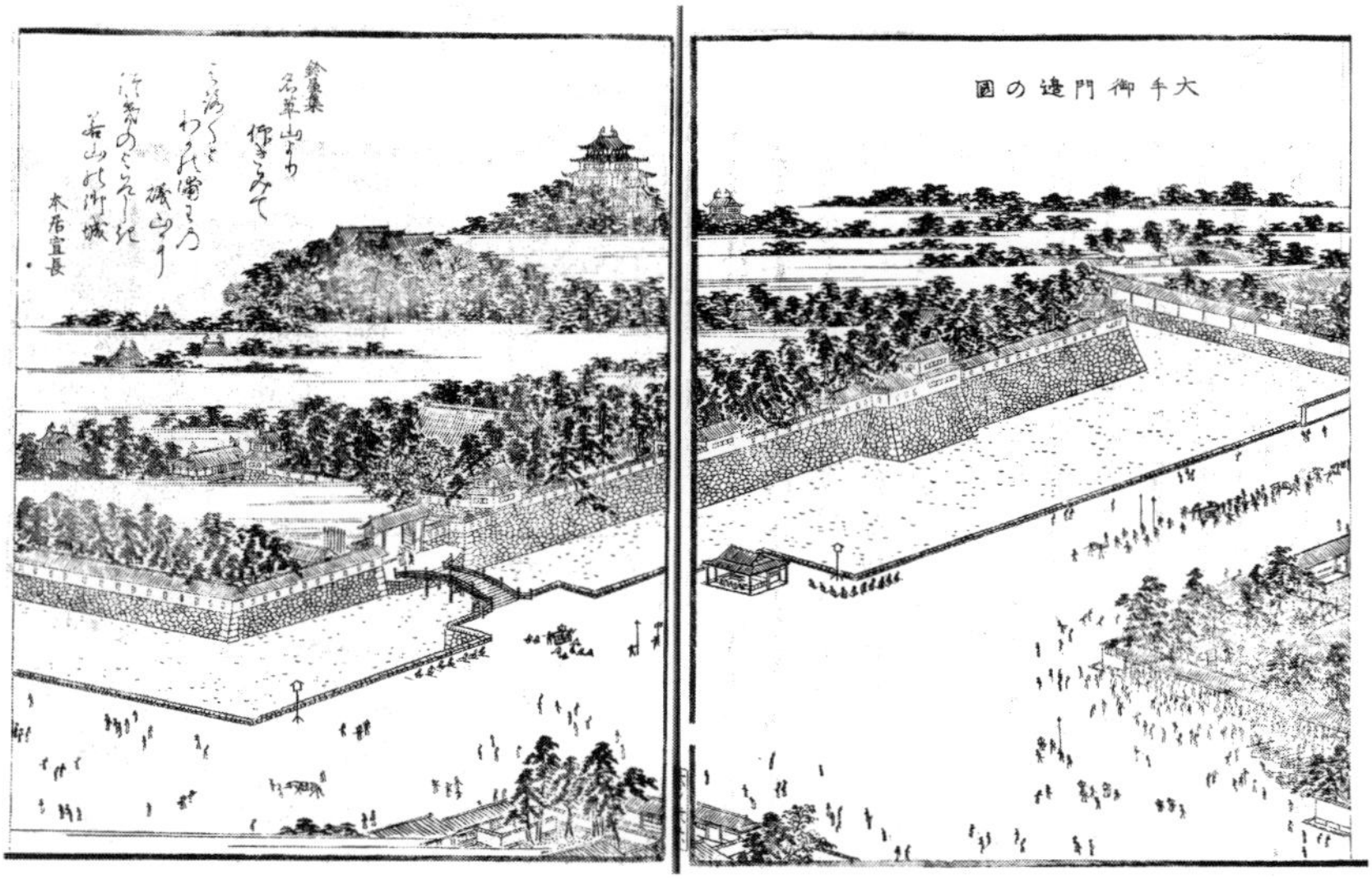

和歌山城の大手門付近（『紀伊国名所図会』国会図書館所蔵）

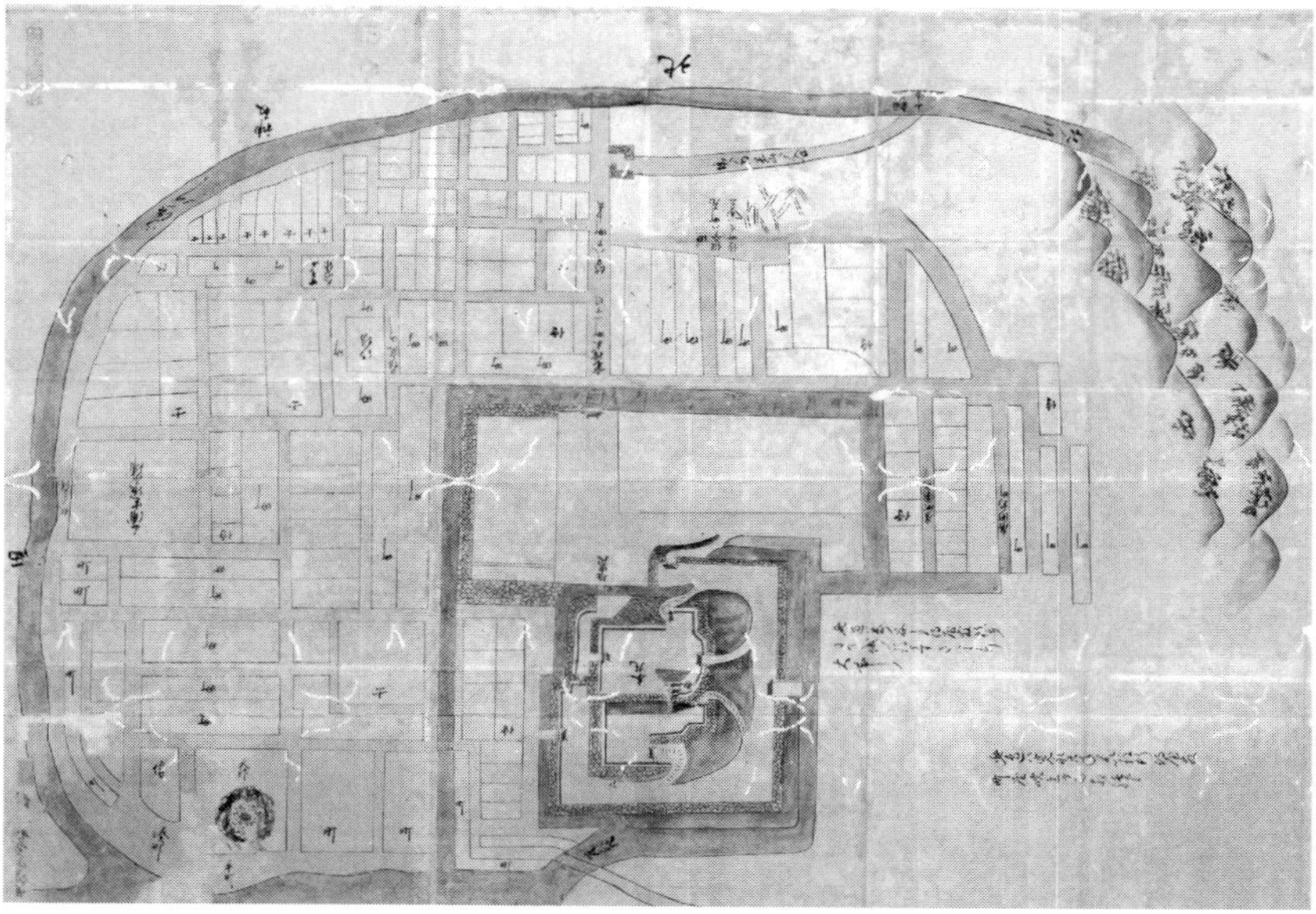

三の丸と紀ノ川も含めた和歌山城（『日本古城絵図 和歌山城図』国会図書館所蔵）

城の間取り 11

水戸城【みとじょう】（茨城県）

御三家なのに本丸の防備が質素だった理由

日本最大級の土造りの城

水戸城は、徳川御三家水戸藩の本城である。家康の十一男頼房《よりふさ》を城主に迎えただけあって、土造りの城としては、日本最大級だ。ただし江戸に近い分、他の御三家の城とは異なる特徴もあった。

水戸城が位置したのは、北を那《な》珂川《かがわ》、南を千波湖《せんばこ》に挟まれた丘陵地帯。この立地のおかげで、**南北の防御力が高い**。城は、斜めに細長く各曲輪が置かれた構造で、その周囲は堀で覆われた。曲輪は西から、三の丸、二の丸、本丸、東二の丸（下の丸）へと続いている。三の丸がもっとも広大で、本丸と東二の丸の規模はほとんど同じだ。

こうした曲輪を、大規模な土塁や空堀・水堀で覆っているのが、水戸城の特徴である。特に西側には五重の堀を、東の低地には三重の堀を巡らすことで、防御力を向上させた。これらは、戦国時代の東国で典型的な築城術である。

藩主がいない城

一方で、**本丸周辺の防御設備は、極めて質素**であった。外壁は石垣ではなく、空堀を掘削したときの土を利用して土塁で造られている。本丸外部には高低差約20メートルの斜面があったものの、内部に入ると北西と南西にしか櫓がな

◎水戸城の間取り図

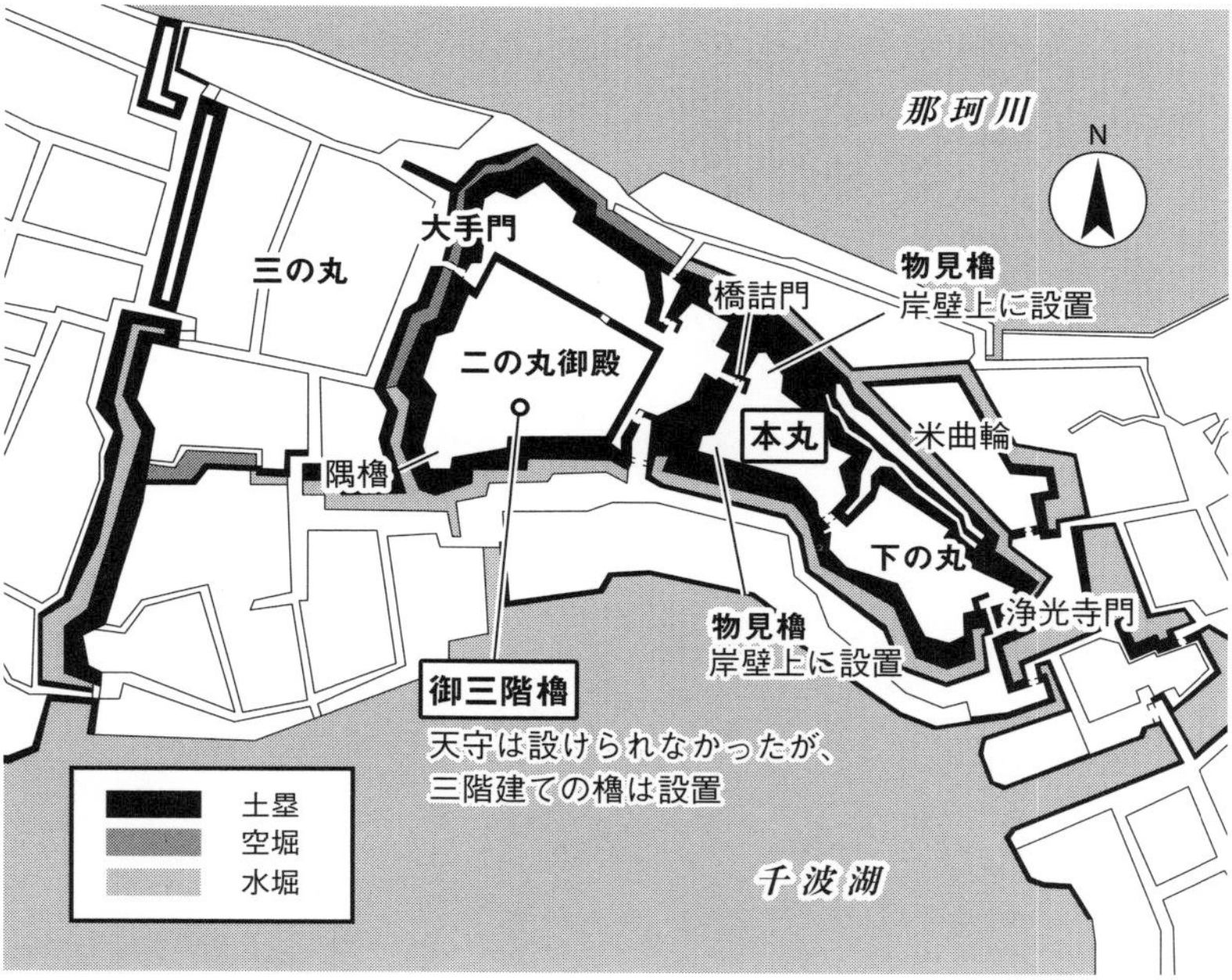

◎基本データ

- 御三家の一角である水戸徳川家の居城
- 那珂川と千波湖に挟まれた丘陵に建てられた
- 慶長 14 年（1609）に徳川頼房の居城となる
- 水戸藩主は江戸常住で参勤交代の義務がなかったため、藩主はめったに城で暮らさなかった
- 戦国期関東の特徴である土塁と空堀で固めた城
- 土造りの城としては日本最大級
- 本丸と各曲輪が並ぶ連郭式平山城
- 天守は設けられなかったが、破風などを設けない御三階櫓は二の丸に造られた
- 昭和20年（1945）に空襲で多くの構造が焼失、土塁・堀、薬医門など一部は現存

い。籠城への備えも軽微で、城米用の板蔵4棟と厩しか置かれなかった。御三家のなかでは、もっとも防備の薄い本丸である。

実は、水戸城の本丸は規模が小さかったため、実質的には倉庫として使われていた。代わって本丸の機能を担ったのは、二の丸である。城の統治・生活はこの地の御殿で営まれた。

では、二の丸は厳重だったのかといえば、そうとも言えない。実質的な天守である御三階櫓《ごさんかいやぐら》が頼房の時代に築かれたが、名目上は櫓だったためか、破風《はふ》などの装飾はほとんどない、素朴な外見だったようだ。御三階櫓は明和元年（1764）に火災で焼失し、一度は再建されたものの、太平洋戦争末期の空襲で全焼して、現在はほとんど姿を留めていない。

薬医門。唯一現存する水戸城の遺構。本丸の橋詰門だったとされている

本丸に天守が築かれなかったのは、幕府への遠慮からだろう。江戸周辺の諸藩は、幕府に恐れ多いとして、天守を設けない慣例があった。徳川の治世が安定し始めたことで、城が戦うためだけでなく、徳川家に配慮するという政治的な意味も持ち始めたのだ。また政庁や生活空間としての実用性などを優先して、天守を造らなくなるケースも増えていた。

それに水戸藩主の生活は、他の大名とは決定的に異なる点があった。全国の多くの大名は参勤交代により、原則として1年ごとに国元と江戸を行き来して生活していたが、水戸藩主は江戸に定住して、国元の水戸城にほとんどいなかったのだ。つまり水戸城は、守るべき主がいなかった。だからこそ、他の御三家と比べて質素な城になったのだろう。

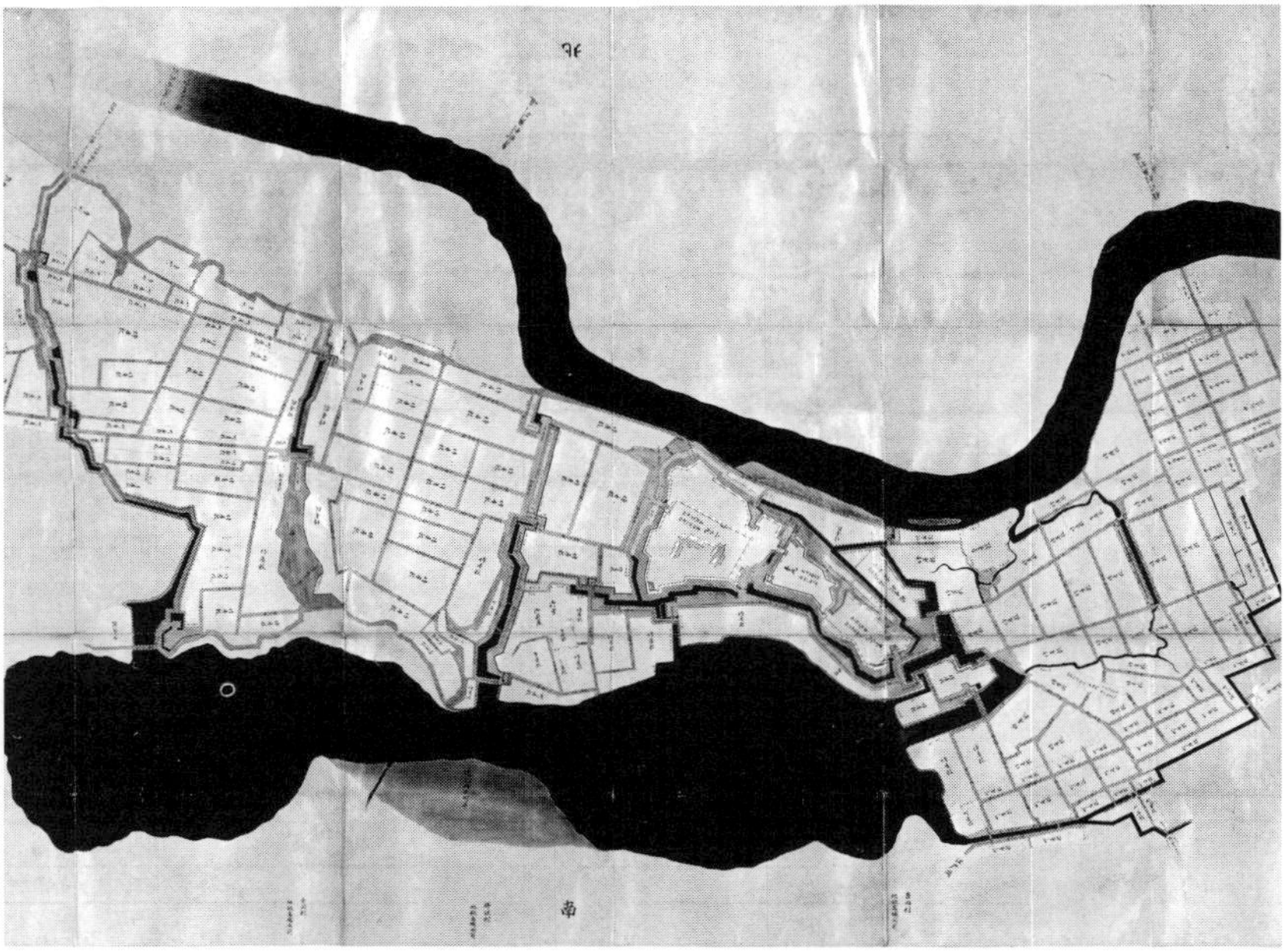

水戸城の城下町。正保元年（1644）に幕府が命じて描かせた絵図（『正保城絵図 常陸国水戸城絵図』国立公文書館所蔵）

城の間取り 12

金沢城【かなざわじょう】（石川県）

迎撃拠点として多数の城壁を設置

迎撃拠点となる多数の城壁

戦国初期の金沢には、浄土真宗の寺院があった。ただの寺院ではない。大坂本願寺（石山本願寺）と同じく、石垣や空堀を設けた山城のような要塞で、尾山御坊《おやまごぼう》という。これを佐久間盛政《さくまもりまさ》が尾山城として改築、さらに前田利家《としいえ》が大改修を施し、**金沢城**と改名した。

金沢城は、城の北東が浅野川《あさのがわ》、南西が犀川《さいがわ》に守られていた。本丸の背後に守りの曲輪《くるわ》はないものの、**いもり堀**という水堀で外部と区切られている他、数十メートルの断崖と四段高石垣があるため、見た目以上に守りは堅かった。

加賀藩初代当主の前田利家。金沢城の大改築を実施

◎基本データ

- 天正11年（1583）に豊臣秀吉より加増された前田利家の居城。これ以降、加賀前田家の本拠となる
- 天正16年（1588）頃に高山右近を招き改築、のちに利家の息子利長も改築する
- 犀川と浅野川に挟まれた丘陵地帯の城
- 本丸を自然と曲輪が囲む梯郭式平山城
- 隠し狭間や五十間長屋など、多数の仕掛けが特徴
- 天守があったが、慶長7年（1602）に落雷で焼失、代わりに三階建ての櫓が設けられる
- 天候や火災など、災害への備えも設けた

◎金沢城の間取り図

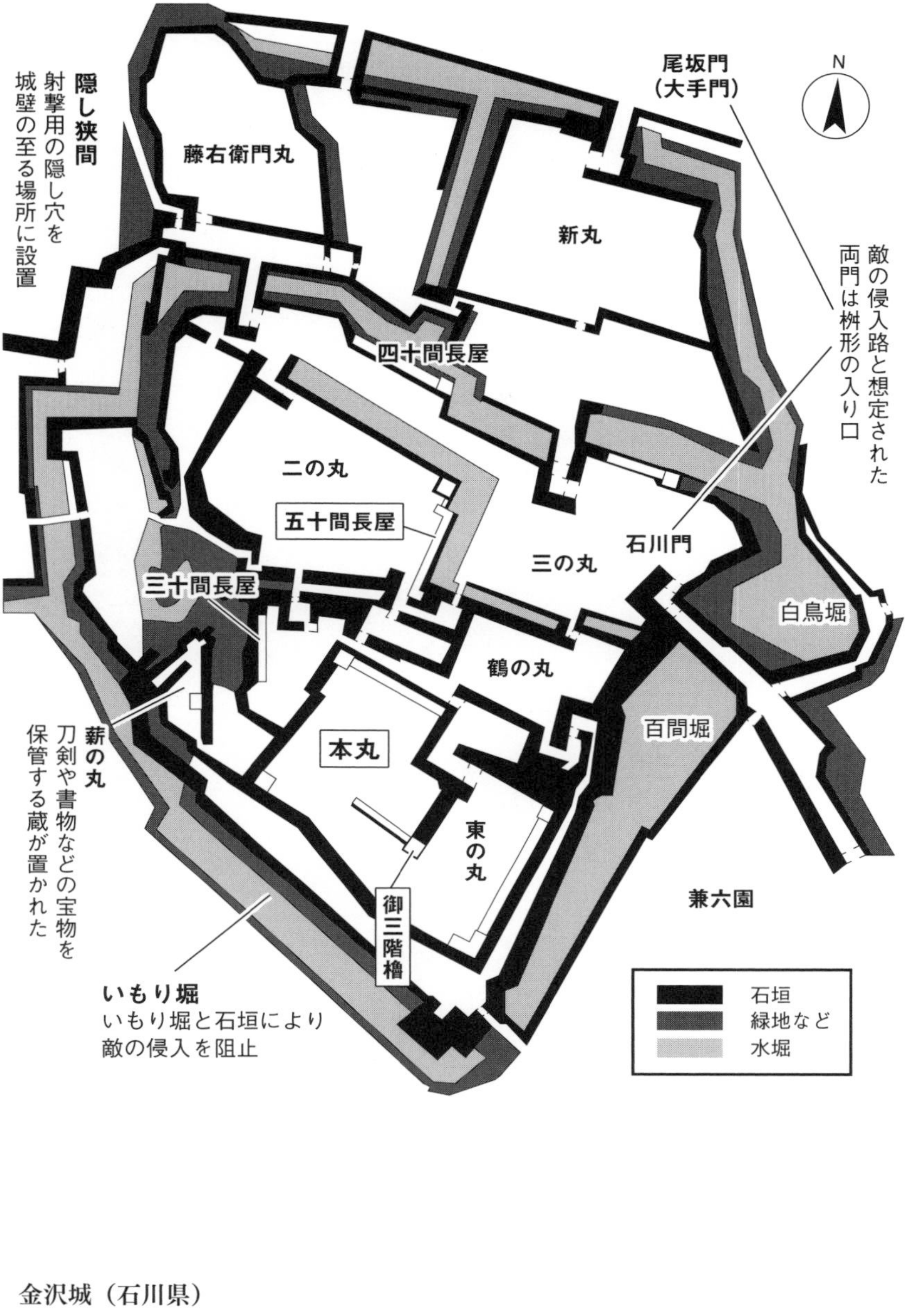

N
尾坂門
(大手門)
敵の侵入路と想定された両門は桝形の入り口
隠し狭間
射撃用の隠し穴を城壁の至る場所に設置
藤右衛門丸
新丸
四十間長屋
二の丸
五十間長屋
三の丸
石川門
白鳥堀
三十間長屋
鶴の丸
百間堀
本丸
東の丸
御三階櫓
兼六園
薪の丸
刀剣や書物などの宝物を保管する蔵が置かれた
いもり堀
いもり堀と石垣により敵の侵入を阻止
石垣
緑地など
水堀

となると敵が侵入するのは、北の新丸と南東の三の丸方面である。どんな防備を施したのか？新丸の尾坂門と、三の丸の石川門をみると、枡形《ますがた》になっているのがわかる。内部にある重臣屋敷は防御施設ではないものの、三の丸へと続く河北門《かほくもん》には、二重櫓《にじゅうやぐら》が付けられた。ここから弓や鉄砲で、敵を攻撃することが可能である。

もっとも防備が堅い曲輪は、三の丸だ。三の丸と二の丸の間を見てほしい。直角に掘られた水堀がある。その縦部分に、幅約98メートルの巨大城壁**五十間長屋**がある。両端を櫓で連結しており、3カ所の出窓から射撃可能な迎撃拠点である。

同様の機能を持つ設備は、各所に設けられている。五十間長屋の上部水堀沿いに四十間長屋、本丸の曲輪に三十間長屋、三の丸石垣に九十間長屋、といった具合である。平時は倉庫だったこれらを突破しない限り、金沢城の攻略は不可能だった。

五十間長屋。三階建ての菱櫓と橋爪門続櫓を二階建ての五十間長屋がつなぐ構造

数々の災害対策

金沢城は、建物素材にも工夫を凝らしている。金沢は冬になると、シベリアから流れ込んだ寒気の影響で、曇り・雪・雨の日が増える。その備えとして、櫓や御殿などの建物は、壁の下部が冷害に強い、**なまこ壁**で構成されている。

また、火災対策にも力を入れていた。金沢は火災の多い地域で、金沢城も何度か、焼失の憂き目にあっている。天守は慶長7年（1602）に焼け落ちて再建されず、政庁となった二の丸御殿も、幕末までに二度も焼失している。そこで**犀川上部から水を城内に引き込み、非常用水として活用できるようにしていた**。兼六園《けんろくえん》と各堀の水も、これによって確保している。防御面のみならず、実用面での工夫も、金沢城は随所にみられるのである。

兼六園は金沢城の弱点？

ただし、金沢城には弱点もある。金沢城には、日本三大庭園の一つである、兼六園がある。三の丸の外側に位置しており、延宝4年（1676）に前田綱紀《つなのり》が造った。

三の丸と言えば、敵が攻めてきた場合に、激戦区になると想定された場所である。そんな方面に庭園を置いたのはなぜか？ 防衛用の空間だという説もあるが、庭園内に防御用の機能はない。確かなことは不明ながら、**幕府に恭順を暗示するために、あえて弱点をつくった**とも言われる。

綱紀の時代には大名同士の戦がなくなり、平和な世の中に変わりつつあった。綱紀が幕府と政治的なつながりを強化しようと考えたとしても、おかしくはない。それに時代が安定したことで、戦闘を想定する必要がなかった可能性もある。実際、明治時代を迎えるまで、金沢城が戦闘の舞台になることはなかった。

城の間取り 13

高松城【たかまつじょう】（香川県）

海を守りに取り込んだ瀬戸内海の堅城

海から攻略するのは困難

高松城は、瀬戸内海を背後に構えた**海型の平城**だ。天正16年（1588）に、生駒親正《いこまちかまさ》が讃岐《さぬき》支配の拠点として築いた。設計には、築城の名手といわれた黒田如水《じょすい》（官兵衛《かんべえ》）も関わったとも伝わる。17世紀半ばに改修されるが、基本的な構造は踏襲された。

現在は埋め立てられているものの、建造当初は北方が、瀬戸内海に直結していた。ここから水堀に、海水が引き込まれた。

図の東西に見える巨大な水堀は、**舟入**《ふないり》という。ここが、民間船舶を含む水運の出入口となっていた。図には書かれていないが、生駒氏の後に入城した松平氏によって、城内には**水手御門**《みずのてごもん》という船の乗り入れ場が設けられたが、ここは藩主が大坂から江戸へ参勤交代をするための場所である。

一見すると海からの侵入に弱そうな構造だが、実は海側からの攻略が、もっとも難しかった。舟入の船着き場から城に入ろうにも、城側と接していないため、ここから侵入はできない。また、水手御門は月見櫓《つきみやぐら》に守られていた他、海側には他に5基の櫓が設けられ、船舶の監視と迎撃を任せられていた。当時の木造船舶では、接近すら困難だっただろう。

◎生駒氏時代の高松城の間取り図

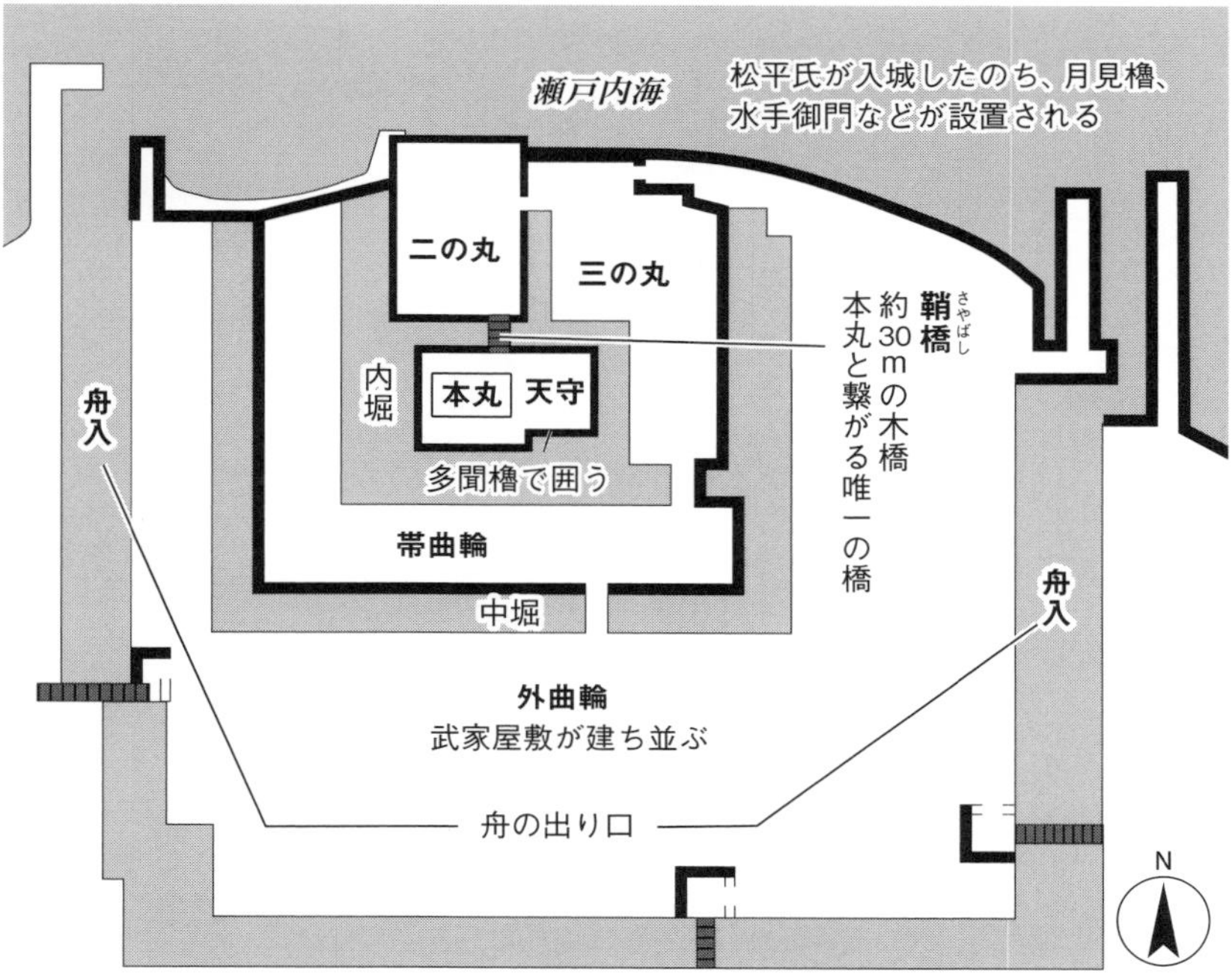

◎基本データ

- 豊臣秀吉より讃岐国の支配を任された生駒親正が、天正16 年（1588）に築城開始、天正18 年（1590）完成
- 本丸を海と複数の曲輪が取り囲む輪郭式平城
- 瀬戸内海に面しており海城としては最大
- 図は生駒氏がお取り潰しになる直前、寛永15、16 年（1638、1639）頃の高松城を描いたとされている
- 寛永 19 年（1642）に家康の孫である松平頼重が入城、これ以降、松平氏によってたびたび改築された
- 松平氏は中国・四国の監察役を担ったともいわれる

陸路からの攻撃にも備えあり

海からの攻撃が難しいとなれば、陸路で攻撃するしかないが、それも簡単なことではなかった。ここで前ページの図を見てほしい。外曲輪へのルートは、三本の細い土橋しかない。また、各土橋の入口に入ると、四角い空間が広がっている。枡形と呼ばれる構造である。侵入するには方向を変えて次の門を進む必要があるが、滞在時間が長くなる分、迎撃される可能性が高くなる。さらに、外曲輪内の武家屋敷から奇襲を受けることもある。

二の丸を抜けて本丸まで迫っても、侵入を阻む仕掛けが待っている。本丸と二の丸の間には、**鞘橋**《さやばし》という木橋が架かっている。これは、**緊急時には橋桁**《はしげた》**ごと破壊可能**である。橋を落とせば本丸は独立した海上要塞に変貌する。

本丸は小型だが、南西隅には二重の地久櫓《ちきゅうやぐら》が、四周には多聞櫓《たもんやぐら》が、西部には中川櫓が設置されている。その防備は堅い。

本丸東側にある天守にも、随所に工夫がみられる。19世紀に解体されて現存しないものの、当初は四階建て地下一階、高さ約26・6メートルの天守があった。この大きさは、四国最大である。天守台を含めると、高さは41メートルにもなった。また、最上階が下層よりも張り出した、南蛮造りという珍しい見た目をしていた。

石垣にも、工夫のあとがみられる。上に行くにしたがって勾配がきつくなるよう、武者返しという造りを採用している。また、下部へ攻撃できるよう、石落としという穴もあった。

海からみれば、高松城は天守と多くの櫓が並ぶ、壮観な姿だったという。往時は四国押さえの要として、存在感を発揮していたのだろう。

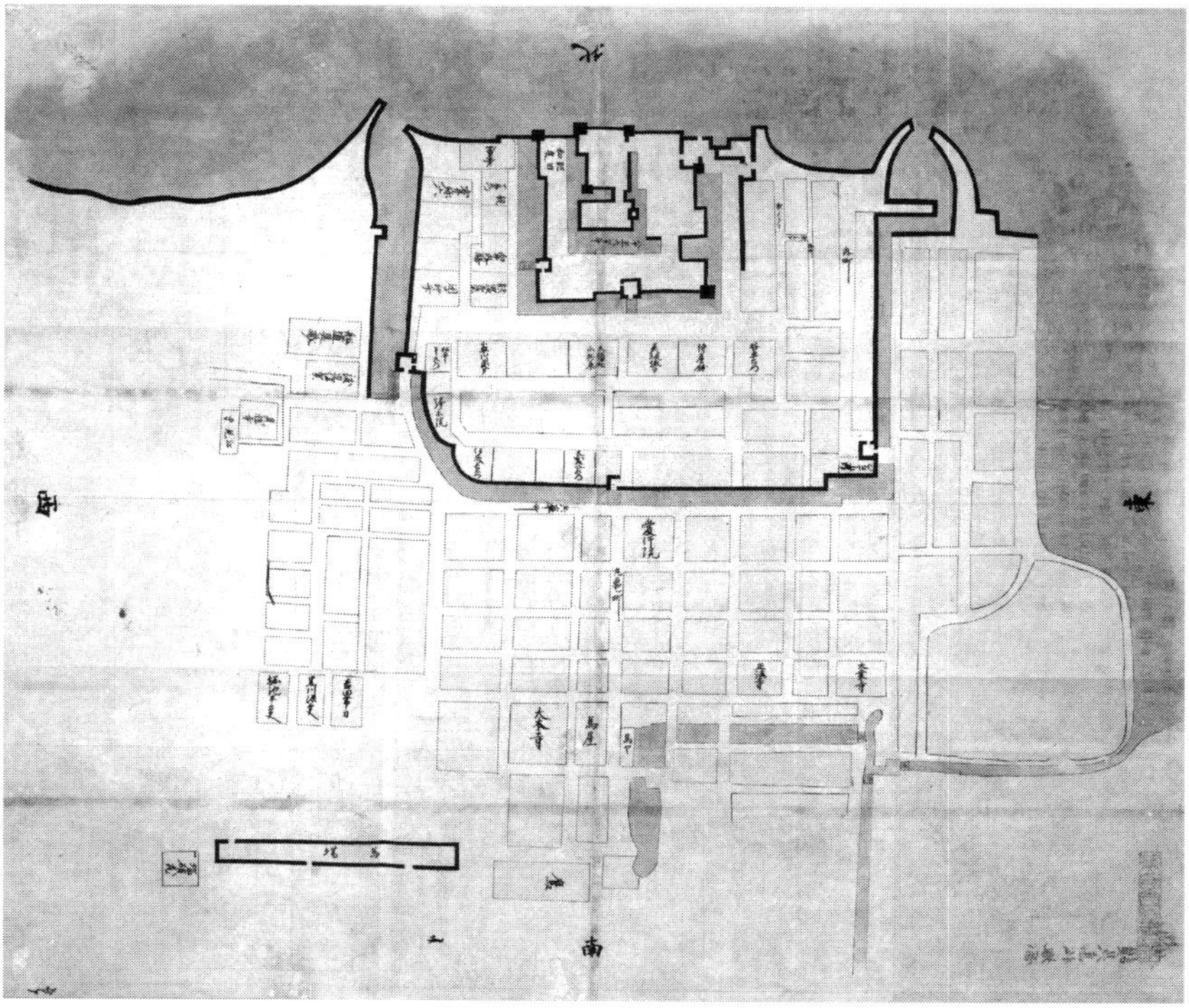

外曲輪の南も含めた高松城城下町（江戸中期～後期）。南には町家や寺社が広がる（『日本古城絵図 高松城図』国会図書館所蔵）

城の間取り 14

岸和田城【きしわだじょう】（大阪府）

威厳ある城…だけど設計ミスがある？

小藩ながら威厳のある城

岡部家が治めた**岸和田城**は、**5万3000石という藩の規模以上に、大きな城**である。天守は五重五階建て、高さは約32メートル（のち落雷で焼失。再建後の高さは約20メートル）。6倍近い石高を有した、池田家の岡山城に匹敵する。

周囲に置かれた櫓も、機能性の高い多聞櫓《たもんやぐら》で構成されている。

城郭全体の構造も、厳重である。本丸は水堀で囲まれ、その外側を、コの字型の二の曲輪が取り囲んでいる。

同じように、二の曲輪の外側にも水堀、三の曲輪が備えられた。城下の道が屈折した、敵の侵入を防ぐための構造である。

岡部氏は、なぜこんな石高に見合わない巨大な城を所有できたのか？　家康の血を引く大藩・紀州藩の謀反に備えるため、というのが通説だが、岸和田の地理に理由

◎基本データ

- 大阪湾と紀州街道がつながる要衝に位置する
- 室町時代よりあった城を、秀吉の伯父である小出秀政が天正13年（1585）に大改築
- 改築により本丸に五階建ての天守が設置される
- 本丸を複数の曲輪が取り囲む輪郭式平城
- 水堀と、場所によって天守や石垣の見え方が変わる不規則な構造が特徴的
- 寛永17年（1631）に岡部宣勝が入城、紀州藩への備えと考えられる
- 西国諸国ににらみを利かせようとした、という説もあり

◎岸和田城の間取り図

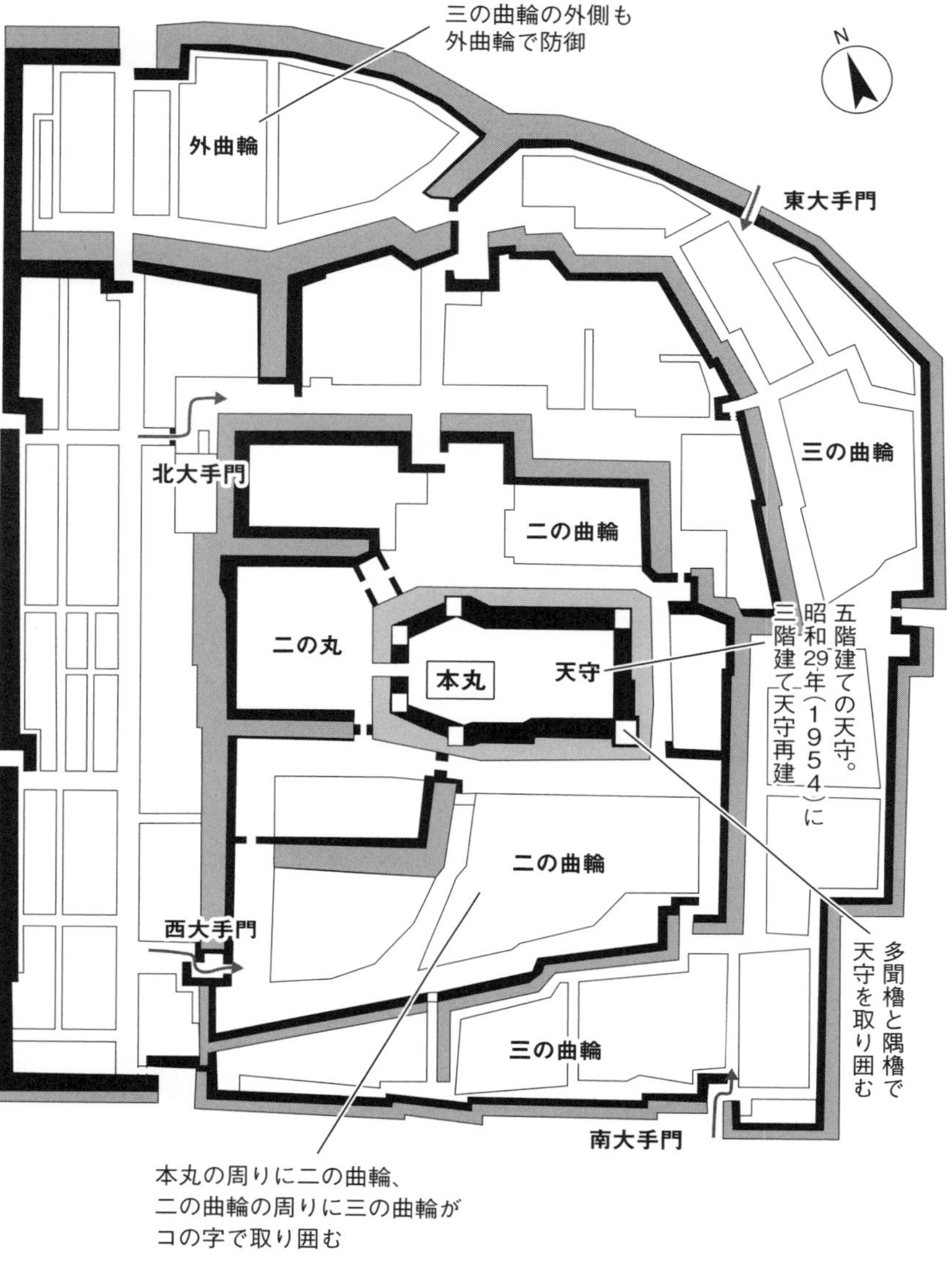

三の曲輪の外側も
外曲輪で防御
N
外曲輪
東大手門
三の曲輪
北大手門
二の曲輪
二の丸
本丸
天守
五階建ての天守。
昭和29年（1954）に
三階建て天守再建
二の曲輪
西大手門
三の曲輪
多聞櫓と隅櫓で
天守を取り囲む
南大手門
本丸の周りに二の曲輪、
二の曲輪の周りに三の曲輪が
コの字で取り囲む

を求める説もある。岸和田城のすぐ西側は、大阪湾だ。陸上には、紀州街道が通る。つまり、**岸和田は水陸の交通網を押さえた場所だった**。

確かにこの地に城を置けば、摂津や京、四国方面への物流を支配し、西国諸藩ににらみを利かせることができるだろう。

確かなことは不明ながら、いずれの説も、威厳を示す必要から造られた、という見方は一致している。室町時代からこの地の付近に城があったことを考慮すると、多方面を牽制することが可能な、特別な場所だったのだろう。

設計ミスで防御力不足に？

岸和田城には不可解な設備もある。図ではわかり難いが、本丸石垣の外側には、**犬走り**という細長い平地部がある。外部の見回りなどに用いられるが、敵に占領されると陣地にされかねないため、防衛上は好ましくない。

なぜ犬走りを設けたのか、確かな理由は不明ながら、**石垣の強度不足**が原因だという仮説が、有力である。

岸和田城の石垣には、**和泉砂岩**《いずみさがん》という素材が使われた。和泉砂岩は脆く、戦や災害時に崩落する危険が高い。この弱点を補うために、犬走りをあえて設けて石垣の強度を補強すると同時に、崩落時の被害を軽減しようとしたと考えられている。

残念ながら、岸和田城は往時の姿をほとんど残していない。石垣は平成11年（1999）に豪雨で一部が崩落。花崗岩《かこうがん》で補修されている。天守も文政10年（1827）に、落雷によって焼失した。現在の天守は、昭和29年（1954）に再建されたものだ。再建時に五重式から三重式構造に変更され、さらに白塗りで塗装された。

ただ、石垣や天守の複雑な配置など、独特の構造をみることは可能である。

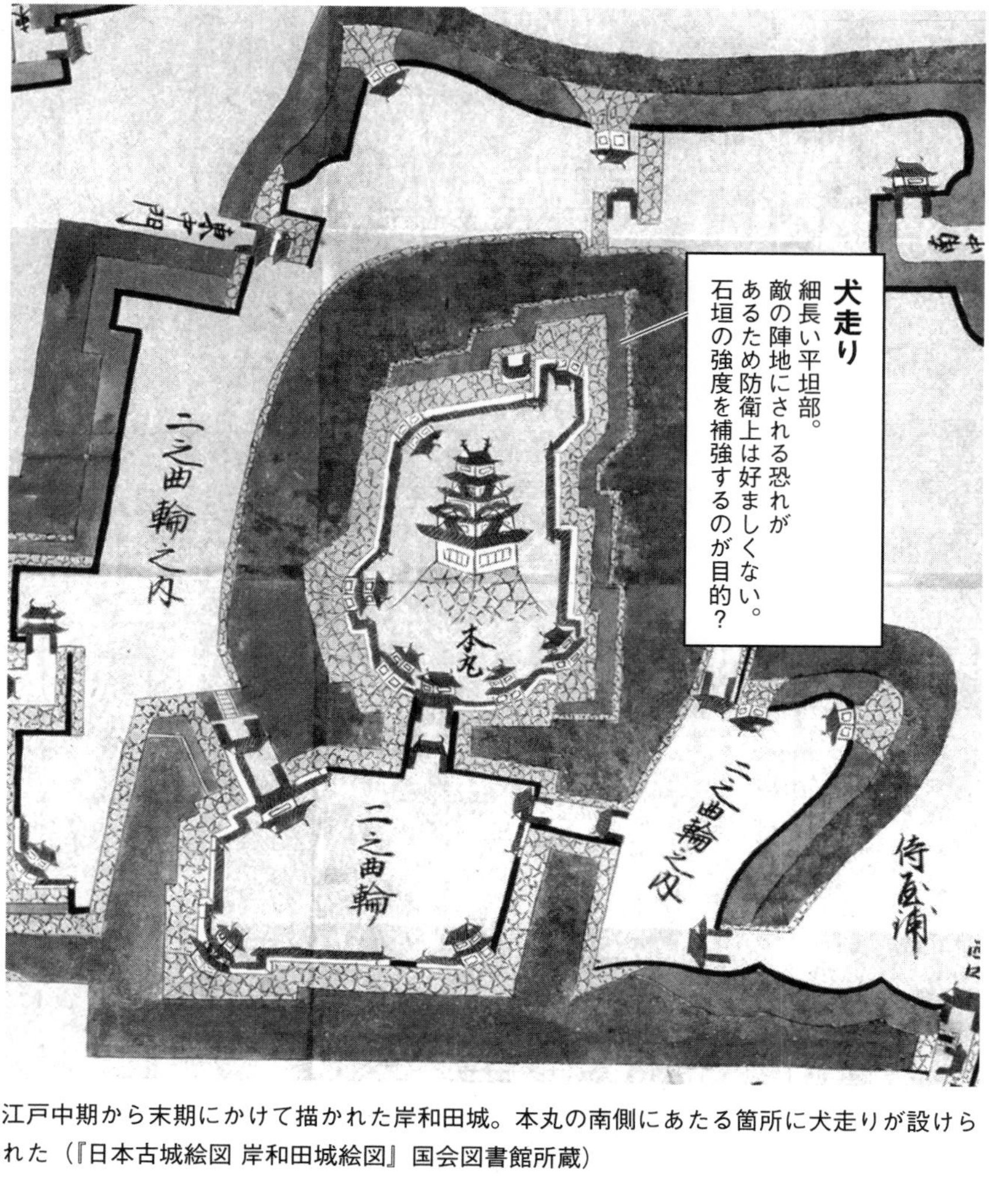

江戸中期から末期にかけて描かれた岸和田城。本丸の南側にあたる箇所に犬走りが設けられた（『日本古城絵図 岸和田城絵図』国会図書館所蔵）

城の間取り 15

伊予松山城【いよまつやまじょう】（愛媛県）

戦闘経験豊富な武将による防御の工夫

経験豊富な武将による設計

伊予松山城は、伊予国（愛媛県）の勝山山中に築造された平山城だ。築城を計画したのは、賤ケ岳《しずがたけ》七本槍《しちほんやり》の一人に数えられる加藤嘉明《よしあき》。朝鮮出兵に従軍したのち、関ヶ原の戦いで東軍として戦い、伊予国を与えられた。そんな戦闘経験が、伊予松山城の間取りにも色濃く表れている。

二の丸外部には、山頂から山麓へと、二本の細長い石垣が伸びている（71ページ絵図）。**登り石垣**といい、秀吉軍が朝鮮半島で建築した倭城《わじょう》で採用した設備である。1〜2メートルの石垣を、傾斜を登るように設けている。山腹から侵入する敵を防ぐための工夫である。さらに、石垣の上に櫓を配したことで、高所から敵を攻撃することも可能だった。

中心部への入口付近にも、嘉明による工夫が凝らされている。本

伊予松山城にある加藤嘉明銅像

◎伊予松山城本丸の間取り図

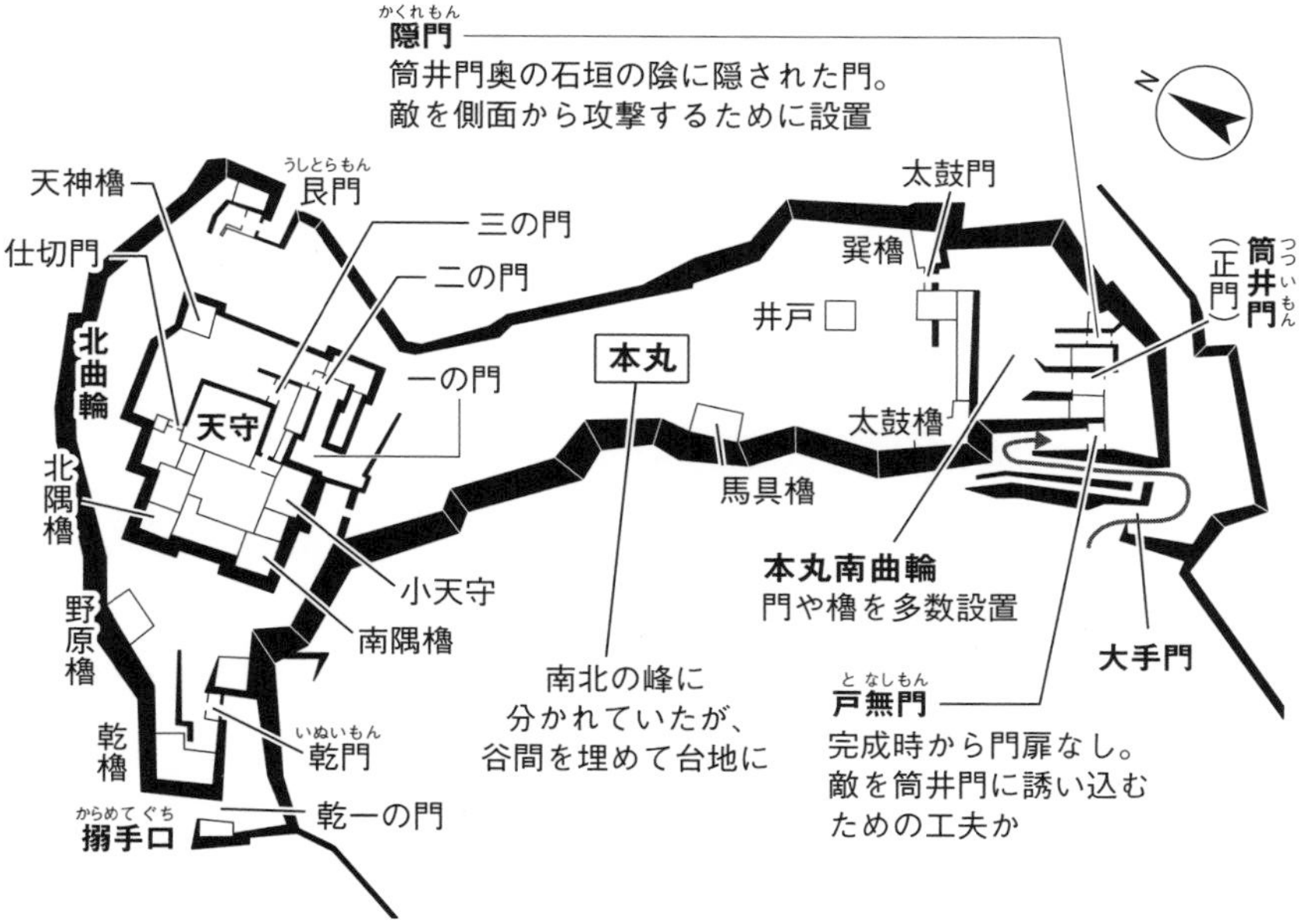

◎基本データ

- 慶長７年（1602）、徳川家康にこの地の支配を認められた豊臣家元重臣の加藤嘉明が築城開始（完成は嘉明転封後）
- 嘉明ののち、蒲生家、加藤家（預かり）を経て松平定行が入城
- 標高132mの勝山山頂の平坦部を石垣で囲って本丸を形成
- 本丸は多数の櫓や奇襲用の門を設けた攻撃的な構造
- 勝山の裾野には二の丸、三の丸を設置
- 二の丸から本丸にかけて登り石垣を設けて進入路を限定
- 天守は江戸時代以前に建てられて現存する十二天守の一つ
- 当初は五階建ての天守だったが、定行の時代に三階建てに
- 天明４年（1784）、天守の主要部分が落雷で焼失するも、嘉永５年（1852）に大天守や本丸本壇が再建される

丸へ向かうには、大手門を通る必要がある。だが、大手門と本丸の間を図でみるとわかるとおり、**道筋が幾重にも折れ曲がっている。**ここを通る敵に対し、守り手は横の櫓から、弓を射かけるわけである。距離感を喪失した敵は、弓矢の脅威に長く晒されることになる。

その先にある**筒井門**《つついもん》も、東側の石垣が突出した構造となっている。裏には**隠門**《かくれもん》という小型の門が隠されているため、敵が横矢を潜り抜けたとしても、隠門から奇襲を仕掛けることができるのだ。

待ち受ける集中射撃

これらを突破したとしても、まだまだ安心できない。本丸入口の太鼓門《たいこもん》を抜けると、太鼓櫓、馬具櫓、巽櫓《たつみやぐら》など複数の櫓が配されている。敵は天守までの道のりで、この櫓の上から集中射撃を受けるわけだ。

伊予松山城の登り石垣。山頂へ石垣が登るように築かれた

矢をかわしてやっと天守に近づいても、再び複雑な道を通る必要がある。伊予松山城の天守は、小天守と南・北隅櫓が連結しており、内部は折れを多用した複雑な構造である。これでは、玄関へたどり着くことすら困難だ。

また地下一階には米蔵を置き、天守内部は畳敷きにできる構造にするなど、長期籠城への備えも万全だった。**伊予松山城は江戸期の城としては極めて珍しい、戦うための城だった**のである。

天明4年（1784）、落雷によって天守は焼失したが、嘉永5年（1852）に再建された。明治以前から現存する天守としては、もっとも新しい。

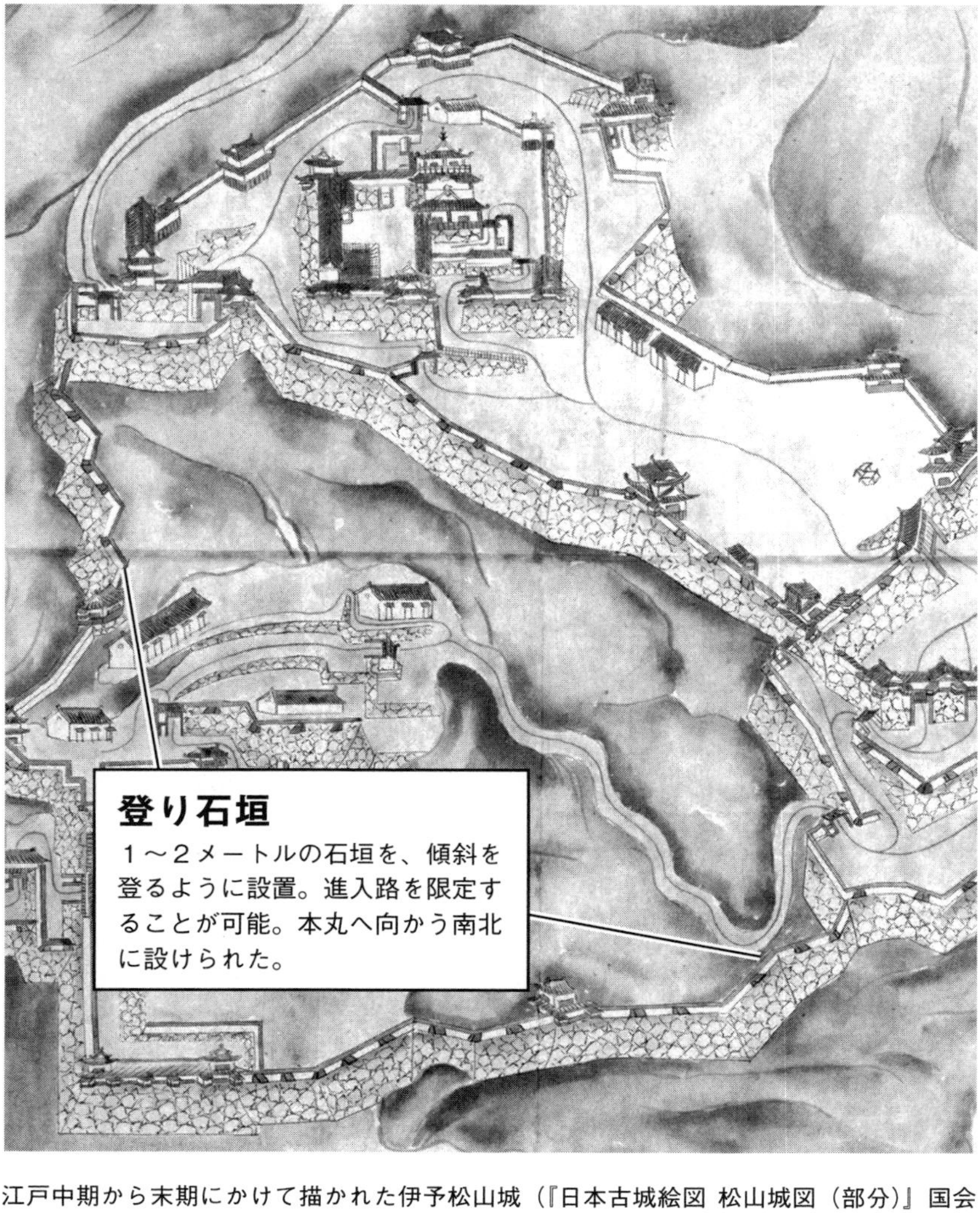
登り石垣
１～２メートルの石垣を、傾斜を登るように設置。進入路を限定することが可能。本丸へ向かう南北に設けられた。

江戸中期から末期にかけて描かれた伊予松山城（『日本古城絵図 松山城図（部分）』国会図書館所蔵）

城の間取り 16

犬山城【いぬやまじょう】（愛知県）

背後の断崖絶壁を生かした曲輪の配置

敵を足止めするための工夫

犬山城は、木曽川《きそがわ》南岸の城山に建築された、平山城である。天守は創建時の姿を残しており、国宝に指定されている。しかも、国宝に指定された五つの天守のうち、様式がもっとも古い。構造も城主が変わるごとに強化を重ね、高い防御力を備えるに至った。

図を見ると、曲輪《くるわ》は本丸の南に、真っ直ぐ配置されている。本丸から山麓へと一直線に大手道が伸び、西側に樅《もみ》の丸《まる》、東側には杉の丸、桐の丸が配置されているのがわかる。これら樅の丸、杉の丸、桐の丸に加え、南方の松の丸で、二の丸が形成された。松の丸は水堀、それ以外は空堀で囲まれた。

これら二の丸の曲輪は、大手道以外には繋がっていない。曲輪の**出入口を1カ所に限定すること**で、**敵を各個撃破することが目的**である。曲輪間に通路がないため、

◎基本データ

- 木曽川南に位置する標高約84mの城山に築かれた
- 本丸の背後を木曽川と断崖で守られた平山城
- 天文6年（1537）、織田信長の叔父信康が整備したと伝わる
- 豊臣家臣下の石川貞清が城主の時代に改修される
- 元和3年（1617）に城主となった成瀬正成により、現在の天守の姿になったとされる
- 天守は三重四階地下二階の複合式で、5つの国宝天守のうちで最も古い様式
- 天守、本丸の石垣、空堀が現存

◎犬山城の間取り図

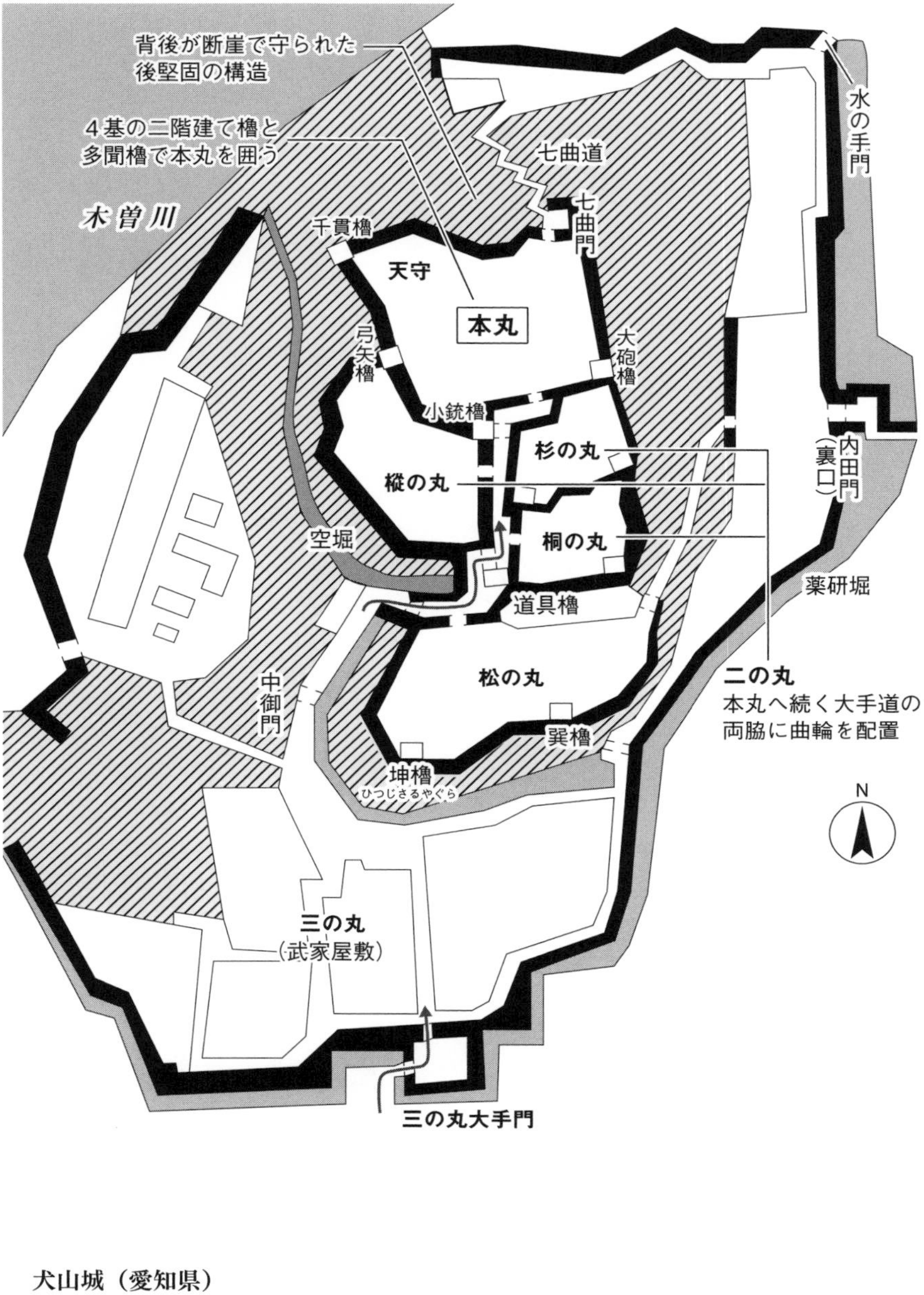
背後が断崖で守られた
後堅固の構造
4基の二階建て櫓と
多聞櫓で本丸を囲う
木曽川
七曲道
七曲門
水の手門
千貫櫓
天守
本丸
弓矢櫓
大砲櫓
小銃櫓
杉の丸
縦の丸
内田門
(裏口)
桐の丸
空堀
薬研堀
道具櫓
松の丸
二の丸
本丸へ続く大手道の
両脇に曲輪を配置
中御門
巽櫓
坤櫓《ひつじさるやぐら》
N
三の丸
(武家屋敷)
三の丸大手門

敵軍は必ず大手道を通るが、道幅が狭いために、大軍は渋滞しやすい。そうして身動きがとりにくい敵を、櫓や伏兵によって迎撃しようとしたのだ。さらに二の丸大手口の黒門と矢来門も、敵を足止めしやすい枡形空間を施していた。

二の丸以外にも、敵の侵入を防ぐ工夫が施された。二の丸南側の三の丸には武家屋敷が置かれたが、防御設備として内堀が設置された他、城下とつながる箇所に、取り外し可能な木橋を設けた。また複数の寺院は、防御拠点として利用することが可能だったとされる。これら城下町を土塁や堀で囲んだ、総構《そうがま》えも存在した。

本丸の北西に位置する天守は、地上四階、地下二階の三重式だ。石垣を開いた入口から、地下一階と二階の穴倉に入ることができる。この地下一階には、敵が一直線に一階へ上がれないよう、踊り場が設けられた。

敵が入口に向かってきたら、まずは天守に張り出す形で造られた付櫓《つけやぐら》から、攻撃を浴びせかける。その周辺の城壁には、長屋のように長く続く、多聞櫓を多数配置。さらには南側に小銃、弓矢、大砲の櫓を置くという攻撃的な構造だった。

北部を守る天然の要害

図を見るともう一つ気づくことがある。曲輪が南側に集中している一方、北部は本丸以外何もない。北の守りは放棄したのだろうか？　もちろんそうではない。**本丸北部には自然の要害が広がっており、曲輪を設ける必要がなかったのだ。**

犬山城が位置する城山の標高は、約84メートル。決して高くはないが、本丸背後には、高さ約47メートルの断崖絶壁と木曽川が位置していた。この川と崖のおかげで防御力が高く、曲輪《くるわ》を設ける必

池田恒興。犬山城城主を務めた経験を生かし、犬山城を攻略

浮世絵に描かれた犬山城（渓斎英泉『木曽街道六拾九次 木曽街道鵜沼ノ駅従犬山遠望』国会図書館所蔵）

要がなかったのだ。

犬山城は、背後を地形に守られた、「後堅固《うしろけんご》」という形式の典型例である。敵軍の侵入は極めて困難だ。

しかし、侵入が難しいといっても、戦略次第では攻略可能である。実際、天正12年（1584）、池田恒興《つねおき》は本丸裏から夜襲により、この城を落としている。

図だとわかりにくいが、本丸裏には水の手門がある。ここを通れば、本丸までスムーズに到達可能である。恒興は内応者にこの門を開けさせ、一晩で落城させたとされる。

第三章　間取りから見る合戦

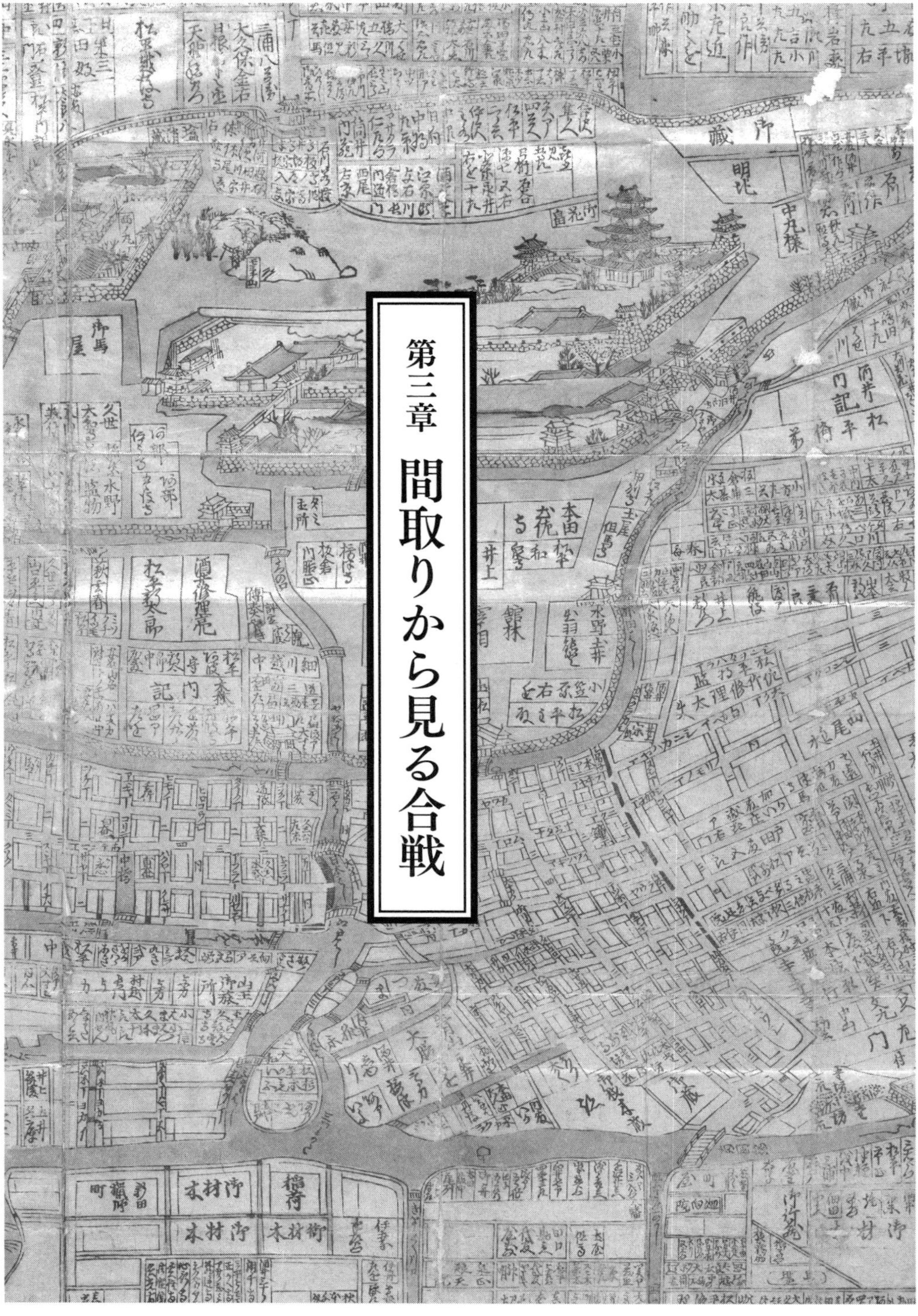

城の間取り 17

高天神城【たかてんじんじょう】（静岡県）

中核が二つあると称された堅固な城

二つの中枢

甲斐の武田家が支配した**高天神城**《たかてんじんじょう》は、山岳を利用した堅牢かつ複雑な構造である。

城が位置するのは、標高130メートル級の鶴翁山《かくおうざん》東峰と西峰だ。本丸が建てられたのは、このうちの東峰である。これら東西の峰を、中心部の井戸曲輪《いどくるわ》によって結んでいた。

意外なことに、本丸には西側の土塁を除いて、防壁がない。これは他の三方が、断崖に守られているからだ。自然を最大限に活用したかたちである。

この本丸の守りとして、南東部の大手口付近に、三の丸が配された。また本丸の西側、搦手口《からめてぐち》（裏手口）は、コの字を描いた曲輪や、そこから階段状に重なる曲輪で防備を固めている。

対する西峰は、斜面が緩いために弱点となっていたが、武田勝頼《かつより》

高天神城があった鶴翁山。静岡県掛川市

◎高天神城の間取り図

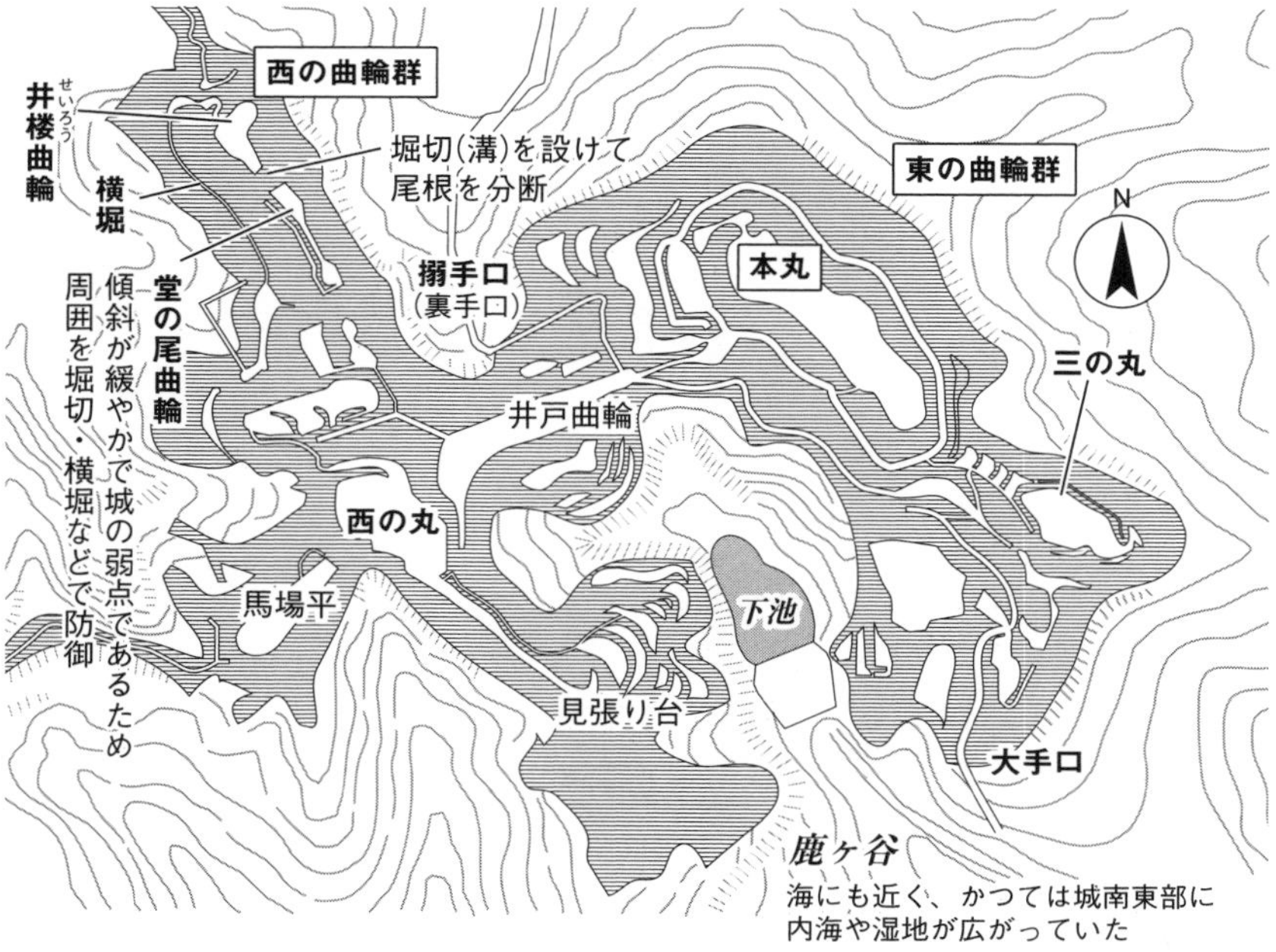

◎基本データ

・小笠山南東の鶴翁山（標高132m）に築かれた山城
・要衝に位置しており、今川、徳川、武田が奪い合った
・井戸曲輪を中心に東西の峰に分かれている
・石垣はなく、土塁・横堀・切崖で防御している
・傾斜が緩やかな西側は唯一の弱点だったが、天正２年（1574）に占拠いした武田によって守りが強化された
・複雑な地形で土地が狭く、兵糧の大量確保が難しかった長期の籠城戦には不向き
・天正９年（1581）、徳川家康により落城、廃城となった

の時代に大改修が施された。侵入者を撃退できるよう、西の丸を中心に多くの曲輪群が配置されたのだ。西の丸北側には堂《どう》の尾《お》曲輪、井楼《せいろう》曲輪を置き、それらの西側には横堀、土塁、切崖《きりぎし》を設けて防備していた。各曲輪の間には、堀切も設けられた。

東西の峰に防御力の高い設備を置いた高天神城は、**一城別郭**《いちじょうべっかく》とも呼ばれた。一つの城に、中核となる曲輪が二つある、という意味である。実際には東峰が中枢と倉庫、西峰が最前線として分担されていたが、実態とは異なる呼び名で評されるほど、防御力が評価されたということだろう。

武田勝頼

堅牢な自然が仇となる

高天神城の防衛力は、実戦でも証明された。天正3年（1575）から始まった織田・徳川連合軍の攻撃に、5年間も持ちこたえている。

だが、天然の要害を利用した堅牢な構造は、劣勢時には弱点となった。複雑な地形であるがゆえに、高天神城は味方の脱出も難しい。「犬戻り猿戻り」という細い抜け道はあったが、一人分の広さしかないので、大軍は通れなかった。

徳川軍の猛攻に、逃げ道を失い食糧も不足する守備軍は、耐えきれなくなっていった。守備兵は武田勝頼の増援を待ち続けたが、援軍はいっこうに送られなかった。包囲され、補給もままならないまま守備兵は、飢餓に苦しむことになる。

やがて増援が望めないと判断すると、守備兵は徳川軍への突撃を決行。だが、約800人の残存兵は全滅し、高天神城は徳川の手に落ちた。

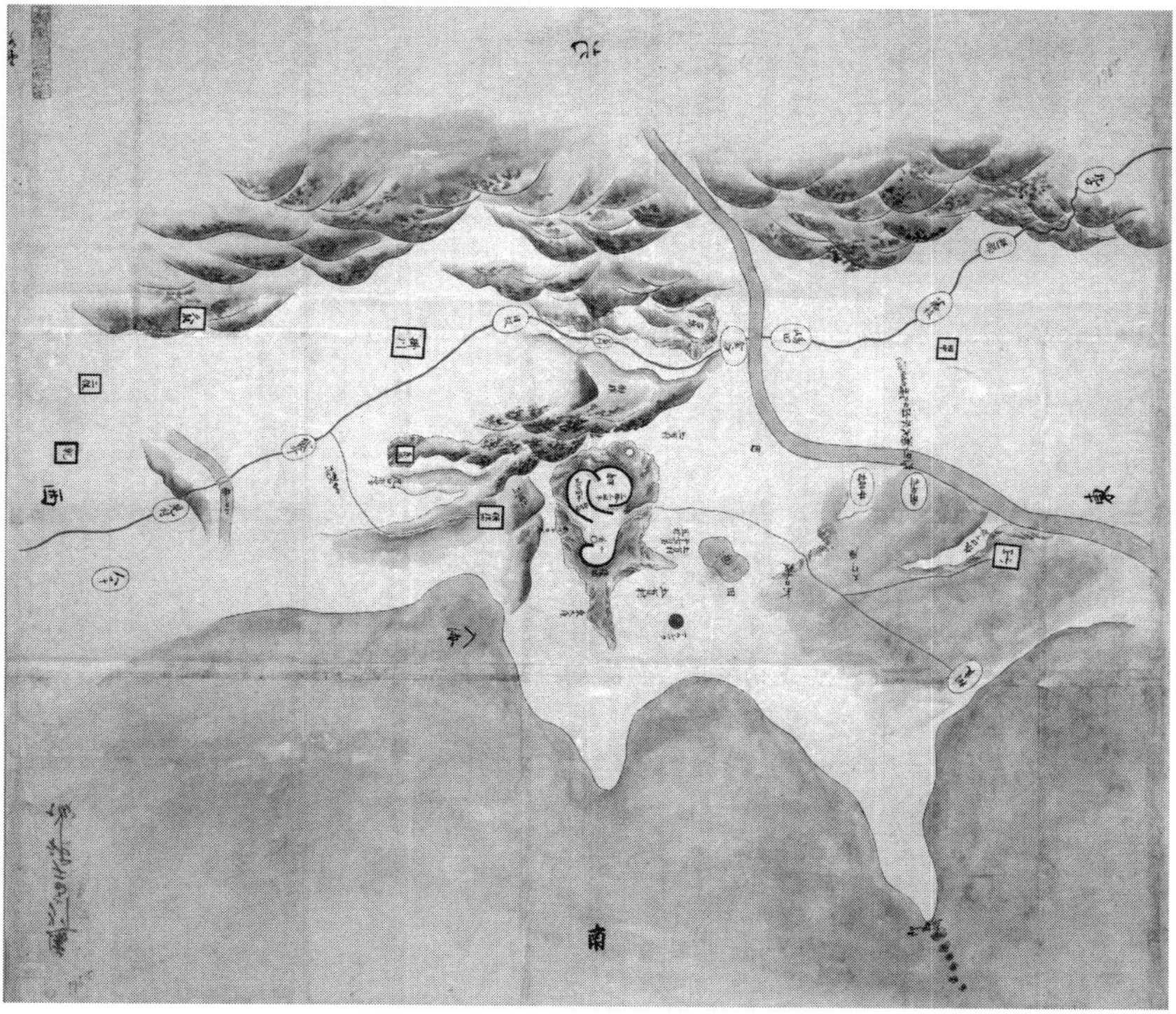

周囲の地形を含めた高天神城全体図。南側の海は遠州灘（『日本古城絵図 高天神城』国会図書館所蔵）

81　高天神城（静岡県）

城の
間取り
18

熊本城【くまもとじょう】（熊本県）

西郷隆盛の攻撃を防いだ天下の名城

天下の名城の実力

　江戸時代から、日本三名城の一つとして高く評価されてきた**熊本城**。築城の名手・加藤清正《きよまさ》が、茶臼山《ちゃうすやま》にあった隈本城《くまもとじょう》を大改築したうえで、完成させた。

　まずは図の西側、本丸西側を見てほしい。熊本城防衛最前線の**西出丸**がある。本丸全面を通過するためには、この地を通らなければならない。

加藤清正

　西出丸には、三つの正門が配されている。そのうち、もっとも格式が高く、防御の工夫も凝らされているのが、**西大手門**《にしおおてもん》である。二《に》階櫓《かいやぐら》付きの門と土塀で、防備を固めている。敵が門前の上り坂を登ると、守り手は櫓の上より、高低差を生かして射撃を加えたのである。同様の工夫は、北側の北大手門、西大手門の背後に位置する南大手門にも施されていた。

　西出丸を突破した先の本丸も、構造は複雑である。本丸東部には坪井川《つぼいがわ》と小豆谷《あずきだに》という崖が広がっている。天然の要害である。加え

◎熊本城の間取り図

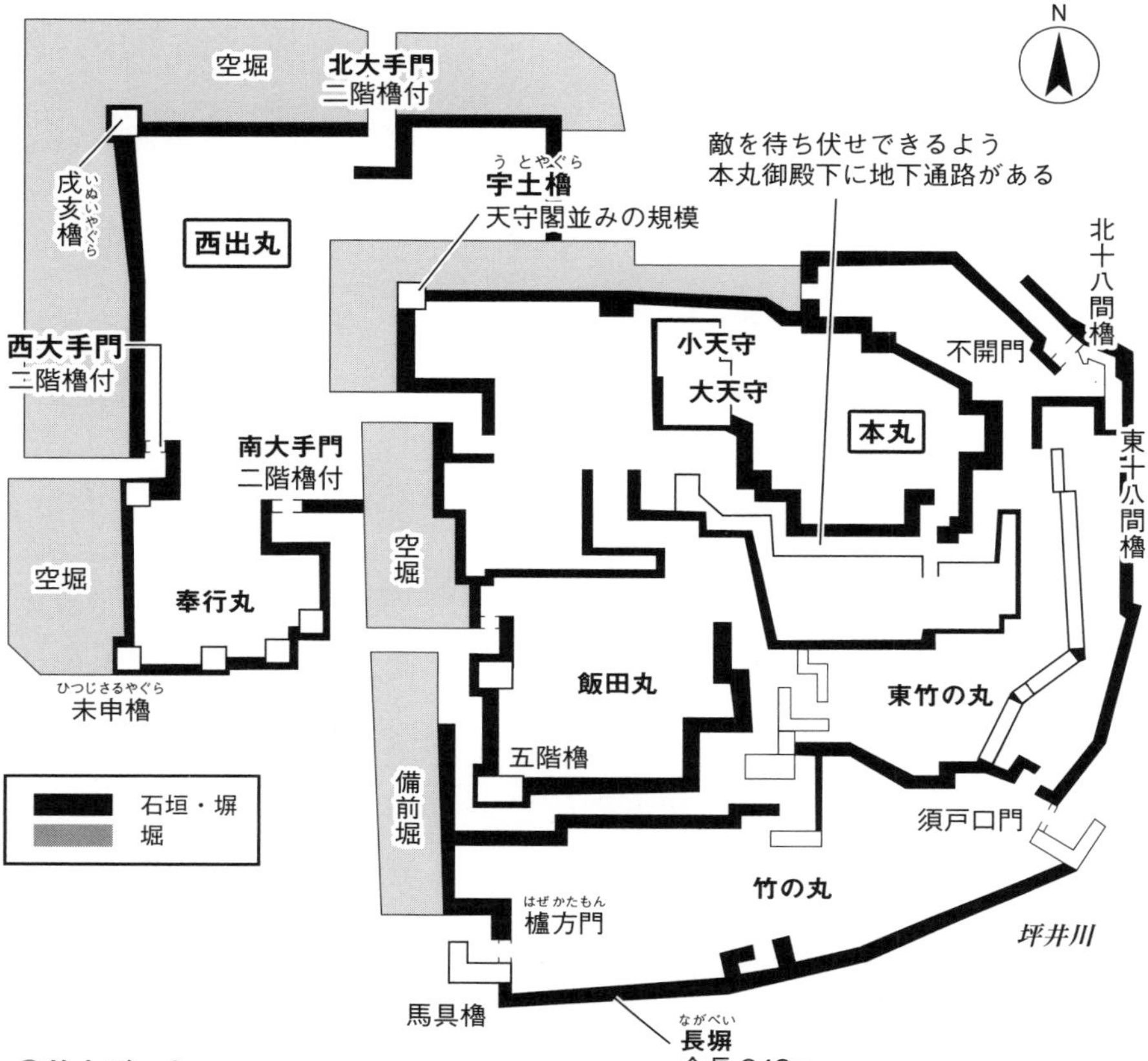

◎基本データ

・慶長12年(1607)に加藤清正が完成させた平山城。日本三名城の一つ
・急勾配の石垣のほか、忍び返しの鉄串や地下通路など実戦に備えた仕掛けが多い
・大天守には籠城に備えて武具類や食糧が保管されていた
・西南戦争において新政府軍が籠城、西郷隆盛率いる反乱軍の攻撃を防いだ

て、反《そ》りが付いた**高石垣**《たかいしがき》で防備を固めていたため、敵が本丸東部から攻めるのは、容易なことではなかった。

また本丸西部には、巨大な曲輪を至るところに配している。いずれも周囲を、多聞櫓《たもんやぐら》と土塀で囲んでいる。しかも全ての曲輪に、**天守と見紛うほどの大型の櫓**を置いていた。中でも本丸西北の平左衛《へいざえ》門丸《もんまる》、南部の出入口に隣接した竹の丸、その西側の飯田丸《いいだまる》の櫓は五階式で、並の城の天守に匹敵する規模だった。

その曲輪群の中心に位置する天守は、小天守を備えた五重六階の望楼型である。この天守と六つの大型櫓を合わせて「熊本城には天守が七つある」とさえいわれた。

また熊本城は、敵が簡単に進めないよう、ジグザグの通路を多く採用していた。これにより、守り手は折れる通路を進む敵に対して、側面から弓や鉄砲で攻撃することができた。

さらには城内には120カ所以上に井戸があり、長期間の籠城が可能だった。

西郷隆盛を苦しめた仕掛け

日本有数の防御力を持つ熊本城。明治時代になると、歴史的事件の舞台となった。明治10年（1877）の西南戦争において、西郷隆盛率いる反乱軍から、攻撃を受けたのである。

熊本城には、政府軍の谷干城《たにたてき》が控えていた。そこへ西郷隆盛の軍が攻撃に向かったのが、2月17日のことである。

西郷軍を構成したのは、戊辰戦争で日本全国を転戦した、経験豊かな兵士たち。兵力は西郷軍約1万6000に対し、籠城する政府軍が約3500。すぐに熊本城を落とせると、西郷軍は楽観視していた。

22日、西郷軍は総攻撃を決行し

西郷隆盛（国会図書館所蔵）

西南戦争を描いた錦絵（『鹿児島の賊軍熊本城激戦図』国会図書館所蔵）

熊本城天守（Kohji Asakawa ／ Pixabay）

た。だが、難攻不落の熊本城に、西郷は苦戦する。その間に、政府軍の増援がどんどん接近。西郷軍は水攻めを試みたがうまくいかず、4月15日に熊本から撤退している。**近代兵器を要する軍隊に対しても、熊本城の守りは有効だったのである。**

城の間取り 19

会津若松城【あいづわかまつじょう】（福島県）

新政府軍を阻んだ本丸を守る強靭な出丸

戊辰戦争激戦の地

慶応4年（1868）1月に、新政府軍と旧幕府軍との間で勃発した戊辰《ぼしん》戦争。最大の激戦地となったのが、**会津若松城**だ。旧幕府軍の中心だった、会津藩の居城である。地元では「鶴ケ城《つるがじょう》」とも呼ばれている。会津藩と言えば幕末の松平家が有名だが、城の基礎を完成させたのは、前領主である加藤嘉明・明成親子だ。

城郭部分は、**巨大な本丸を各曲輪で囲む構造**である。図の中央部に構える巨大な円形曲輪が、本丸だ。西側の突出部分は西出丸、北側に突き出たところは北出丸、廊下橋で繋がる東側の細長い曲輪が二の丸で、その外側が三の丸である。

これら出丸は、本丸への侵入を防ぐために厳重に強化されている。**北出丸と西出丸は**もともと小型の防御施設だったが、明成の時代に大型に改修された。さらに、北出丸にも西出丸にも侵入者に遠距離攻撃を加えるために、櫓が2基ずつ置かれた。出丸側とあわせれば、三方から敵を攻撃可能だ。しかも、進入路は狭い土橋だけで、周囲は石垣で防備されたため、かなり強靭な出丸だった。

特に北出丸は、近代兵器が主体の会津戦争においても有効だった。会津藩は北出丸まで迫った敵を、伏兵郭《ふくへいくるわ》からの攻撃や、城下町

◎会津若松城の間取り図

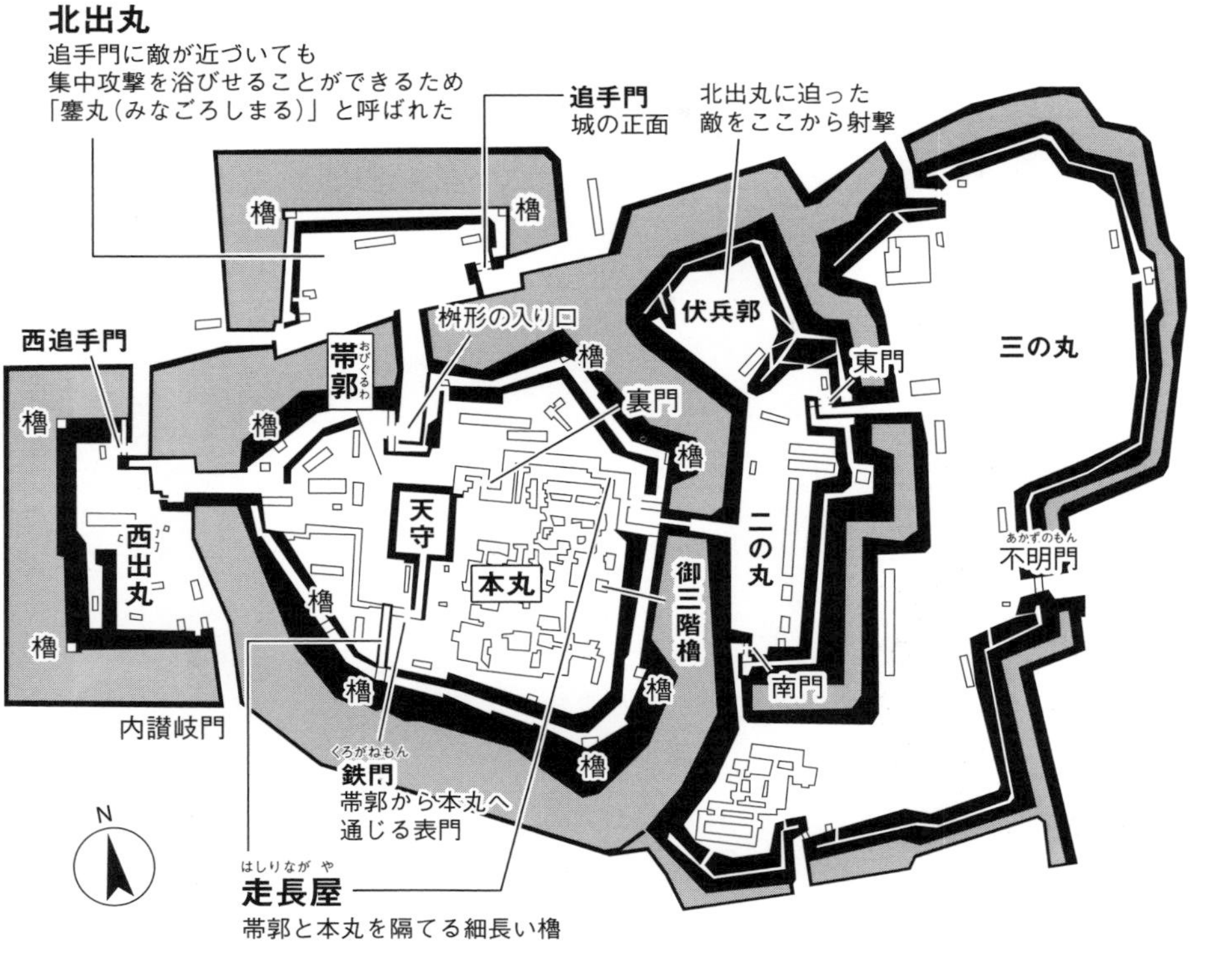

◎基本データ

- 豊臣秀吉配下の蒲生氏郷が基礎をつくった城
- 慶長16年(1611)に地震で被害を受けたのち、加藤嘉明・明成親子により大規模改修された
- 天守閣の石垣は、自然石をほぼ加工せずに積み上げる野面積み。強度が強く、地震にも耐えた
- 当初は黒瓦が使用されたが、低温や積雪に耐えられるよう赤瓦が使用されるようになる
- 天守の地階は塩蔵として使用していた
- 会津戦争では新政府軍による砲撃で天守が大破したが、1カ月の籠城戦を耐え抜いた

内からの奇襲によって撃退する。圧倒的な兵力差がありながら、会津若松城は新政府軍の猛攻に、最後まで耐えたのである。

本丸への侵入を阻止

各出丸を突破されても、その先には強固な本丸が待ち構えている。図を見ると、北出丸、西出丸、二の丸から続く三つの出入口は、全て桝形《ますがた》になっており、内部もカクカクと区切られている。まっすぐ進むことができない分、侵入に時間がかかり、攻撃を受ける危険性が高くなるわけだ。

また図からは、本丸への道が細長い櫓（走長屋《はしりながや》）によって区切られていることもわかる。**本丸を二重の構造にすることで、防御力を高めたのだ。**

内側が真の本丸で、外側部分は帯郭《おびぐるわ》と呼ばれる。帯郭から本丸へ至るルートは、鉄門《くろがねもん》と裏門しかない。二つの門は扉や柱に金属を多量に用いた、頑丈な造りである。

本丸には、4基の櫓が置かれた。五重天守と走長屋を繋ぐ三基の櫓と、独立した御三階櫓《ごさんかいやぐら》である。櫓は帯郭にも4基、北出丸に2基、西出丸に2基と、計12基が置かれた。こうした城郭の外部を、総延長約6キロメートルの外堀と土塁からなる総構えで囲んだ。

会津戦争の際には総構えは突破され、砲撃により天守が大破したものの、藩主の松平容保《まつだいらかたもり》は、鉄門上部を御座所《ござしょ》として戦闘を続行。食糧不足と同盟諸藩の降伏で開城を余儀なくされたが、最後まで城郭内への侵入を許さず、約1カ月間もの間、新政府軍を押しとどめた。

松平容保

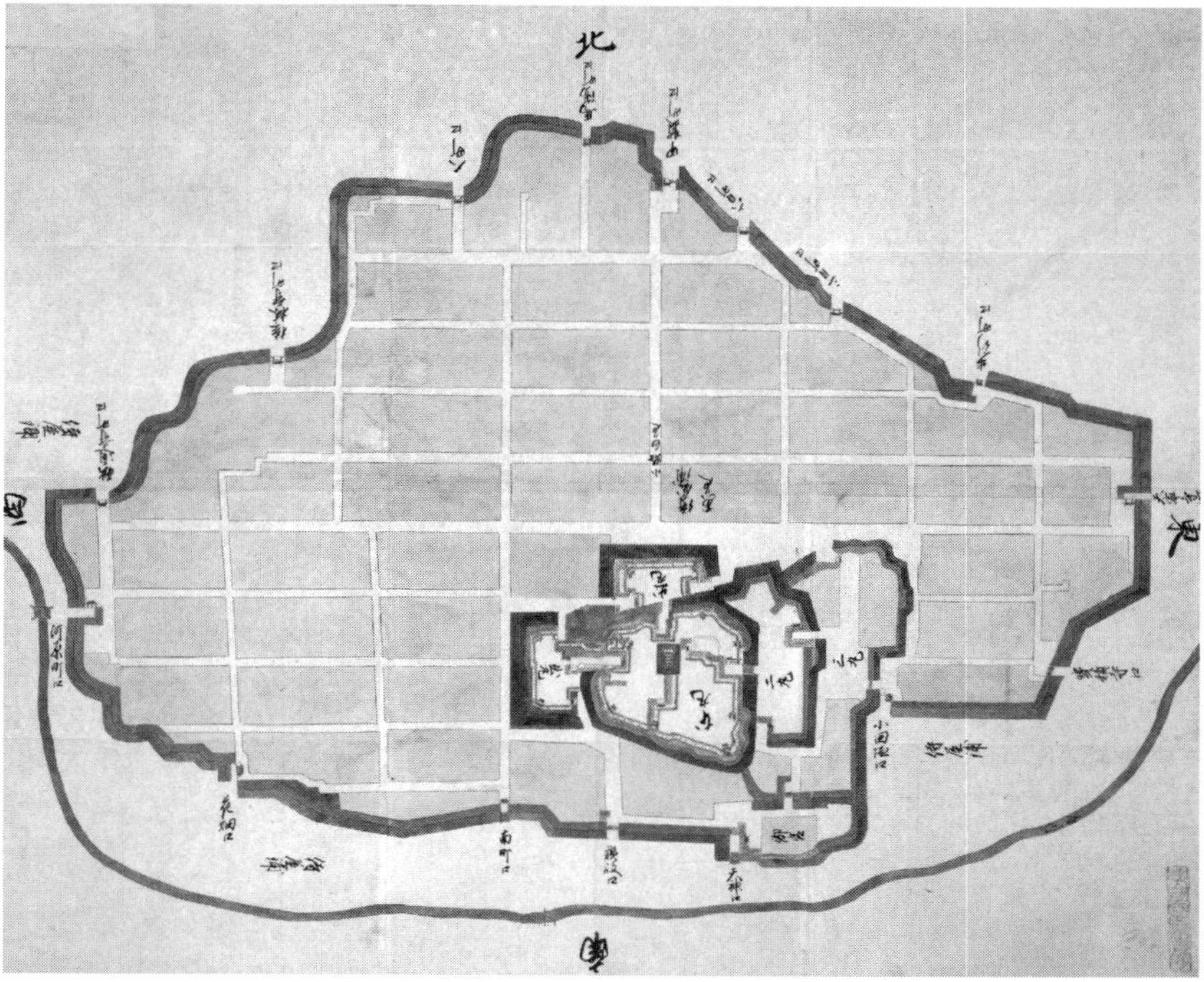

周囲の地形を含めた会津若松城全体図（『日本古城絵図 会津城図』国会図書館所蔵）

戊辰戦争後に撮影された会津若松城。一日に約2500発もの弾丸を撃ち込まれたが、落城しなかった。明治時代に石垣のみ残して取り壊された（『会津戊辰戦史』国会図書館所蔵）

城の間取り 20

五稜郭【ごりょうかく】（北海道）

幕末に築かれた五角形の西洋式城郭

幕末最新鋭の城

五稜郭《ごりょうかく》は、外国船からの防衛を意識して蝦夷地《えぞち》に築造された、西洋式の城郭だ。築造中の呼び名は「亀田役所土塁《かめだやくしょどるい》」で、柳の多い土地だったことから、柳野城《やなぎのじょう》とも呼ばれた。幕末に奉行所として築造されたが、石垣や水堀を備えた構造は、事実上の城郭である。

築城者は、蘭学者の武田斐三郎《たけだあやさぶろう》という人物。西洋の稜堡《りょうほ》式城郭を参考にしたとされる。日本の城郭とはまったく異なる、星型の構造である。**城郭から伸びる五つの突出が特徴的**だ。突き出た部分は「稜堡」といい、これらを等間隔に並べることで、射撃の死角をなくそうとした。五つの稜堡がある城郭ということで、「五稜郭」というわけだ。

図の右上を見ると、矢じり型の突出部が木橋で繋がっている。名称は**半月堡**《はんげつほ》という。日本城郭における出丸《でまる》にあたる。これにより、大手口方面の防衛を強固なものとした。

大部分の外郭は、砲撃の衝撃を和らげるために土塁として造られ

武田斐三郎

◎五稜郭の間取り図

半月堡
十字射撃を行うことができる

◎基本データ

- ヨーロッパの城塞都市をモデルに幕府によって造られた西洋式土塁
- 外国への備えから蝦夷地の箱館に築城
- 砲弾の直撃で石が砕け散るのを防ぐため、基本的には石垣ではなく土塁が築かれた
- 艦隊射撃が届かないよう内陸に造られた
- 元治元年(1864)に蝦夷地の政治を担う箱館奉行所が五稜郭に置かれた
- 箱館戦争で旧幕府軍の本拠地となったが、新政府軍の攻撃により1週間で開城した

たが、大手口の側は、最上部が突出した**跳出石垣**《はねだしいしがき》だ。他の入口も石垣が敷かれ、その奥部を「見隠塁《みかくしるい》」でさらに防護している。的となりやすい高層建築は造らず、箱館奉行所をはじめとする約20棟の建築物は、全て平屋造りだ。まさしく**近代砲撃戦を想定した構造**である。

五稜郭の半月堡跡

西洋式城郭の致命的な弱点

だが、五稜郭には致命的な弱点があった。図の中央に位置する奉行所の屋根には、**太鼓櫓**《たいこやぐら》が置かれていた。見張りのための施設だが、外部からも見えやすいため、砲撃目標となる恐れがあった。

また、**当初の想定どおり造られれば、五稜郭はもっと頑強になるはずだった。**図の外側の構造を見てほしい。下部以外を囲むラインである。外郭代わりに土塁が築かれる計画があったようだが、実際には築造されなかった。また、入口に描かれたV字型の石積も造られなかった。さらに、右上に設けられた半月堡も、当初は全方位に配する予定だったが、実現しなかった。**幕府の予算不足で、築造**

旧幕府軍を率いた榎本武揚
(国会図書館所蔵)

土方歳三

復元された五稜郭内の箱館奉行所。屋根の上には高さ約16.5メートルの太鼓櫓が設けられていた。この櫓は函館戦争の際、新政府軍の的にされているとして、旧幕府軍が切り倒した（文化財デジタルコンテンツ）

が中止になったのである。

五稜郭は、外国船との戦闘の舞台にはならなかったが、戊辰戦争最後の戦いである、**函館戦争**の舞台になった。旧幕軍の本拠地が、五稜郭だ。新政府軍が攻撃目標にしたのは、五稜郭の弱点である、奉行所の櫓だった。

新政府軍による砲撃で、城内は甚大な被害を受けた。元新選組副長・土方歳三《ひじかたとしぞう》は戦死し、各陣地は相次いで降伏、さらに城内は物資不足に苦しんだ。結果、新政府軍の攻撃からおよそ1週間で五稜郭は開城、旧幕府軍は敗北した。

城の間取り 21

長岡城【ながおかじょう】（新潟県）

河川による強固な守りが敵味方の慢心を誘う

信濃川を防御に利用

長岡城は、日本一の長流・信濃川を守りに利用した城だ。

城の西側は信濃川の本流で守られ、残りの三方は、赤川という河川で囲まれていた。さらに上部の平地には城下町が、その北には川を挟んで「八丁沖《はっちょうおき》」という湿地帯が広がっていた。南北約5キロ、東西約3キロにわたる広大な湿地で、大軍の進行は難しかった。

本丸にも、水の守りが施された。水堀を設け、さらに周りに曲輪を配した構造だ。本丸に向かう経路は、西曲輪方面のみ。この西曲輪から三の丸、二の丸と進んで、やっと本丸にたどり着く。

だが、三の丸と水堀はジグザグと折れ曲がった構造を多用して、迎撃能力を高めている。それに本丸は三重の門で防衛されている他、築城当時は全13基の隅櫓《すみやぐら》もあった（享保13年（1728）に火災で全城郭焼失。宝暦4年（1754）に再建完了）。平和な時代に造られたため、本丸に天守は築かれなかったが、自然を利用した構造により、敵の侵入を阻もうとしたのである。

水の防御力が仇となる

河川を利用して防備を固めた長岡城だが、実はこの水の防御への慢心によって、落城を経験してい

◎長岡城の間取り図

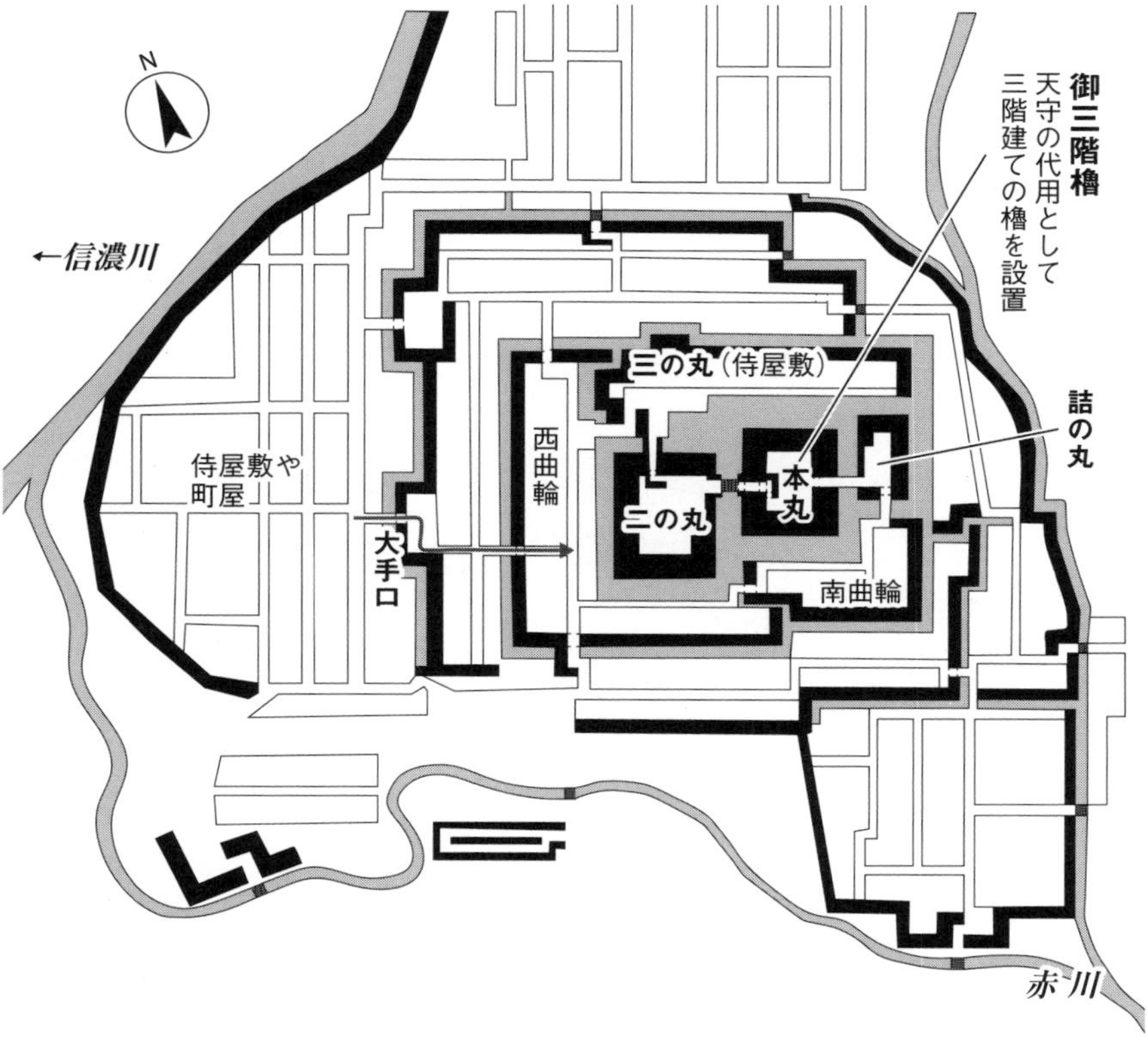

◎基本データ

- 信濃川の洪水被害を受けていた蔵王堂城を廃し、江戸時代初期に築かれた
- 周囲は川と湿地で防御、川水は水堀にも利用
- 本丸の周囲を自然と曲輪が囲む梯郭式平城
- 石垣は本丸の一部のみで土塁主体の造り
- 本丸と二の丸を除いて庶民の立ち入りが許され、祭日には賑わっていた
- 戊辰戦争の戦火により焼失・廃城
- 本丸跡に長岡駅建設、周辺は市街地として整備され、遺構は残っていない

る。

慶応4年（1868）、戊辰戦争において、長岡藩は旧幕府軍と合流して、新政府軍と戦った。新政府軍が長岡城へ砲撃を開始したのは、5月16日のこと。長岡藩は信濃川を挟んで反撃を加え、新政府軍を苦しめたが、3日後の19日、長岡城は落城することになる。**新政府軍が船を使って信濃川を渡り、早朝に奇襲を仕掛けた**のだ。

このとき、長岡藩は戦地へと兵力を割いていた。信濃川は豪雨によって水位が上昇していたため、まさか敵が攻めてくるとは思わなかったのだろう。

北越戦争を描いた錦絵。右上に描かれているのが長岡城。戦国時代の武田・上杉の合戦に見立てて描かれた（『越後国信濃川武田上杉大合戦之図（部分）』）

この日は朝から濃霧が立ち込めていたので、長岡藩は新政府軍の進軍に、なかなか気づかなかった。虚を突かれた長岡藩は新政府軍の攻撃を防ぎきることができず、城内から撤退せざるを得なくなる。

結局、長岡藩は降伏を余儀なくされるが、実は一度、長岡城の奪還に成功している。7月24日深夜、今度は長岡藩軍が八丁沖の沼地に潜んで奇襲を仕掛け、約700人で城の奪還に成功したのだ。「攻められるはずがない」という場所を攻撃するのは戦いのセオリーだが、いざ実行されるとは、双方思っていなかったのだろう。

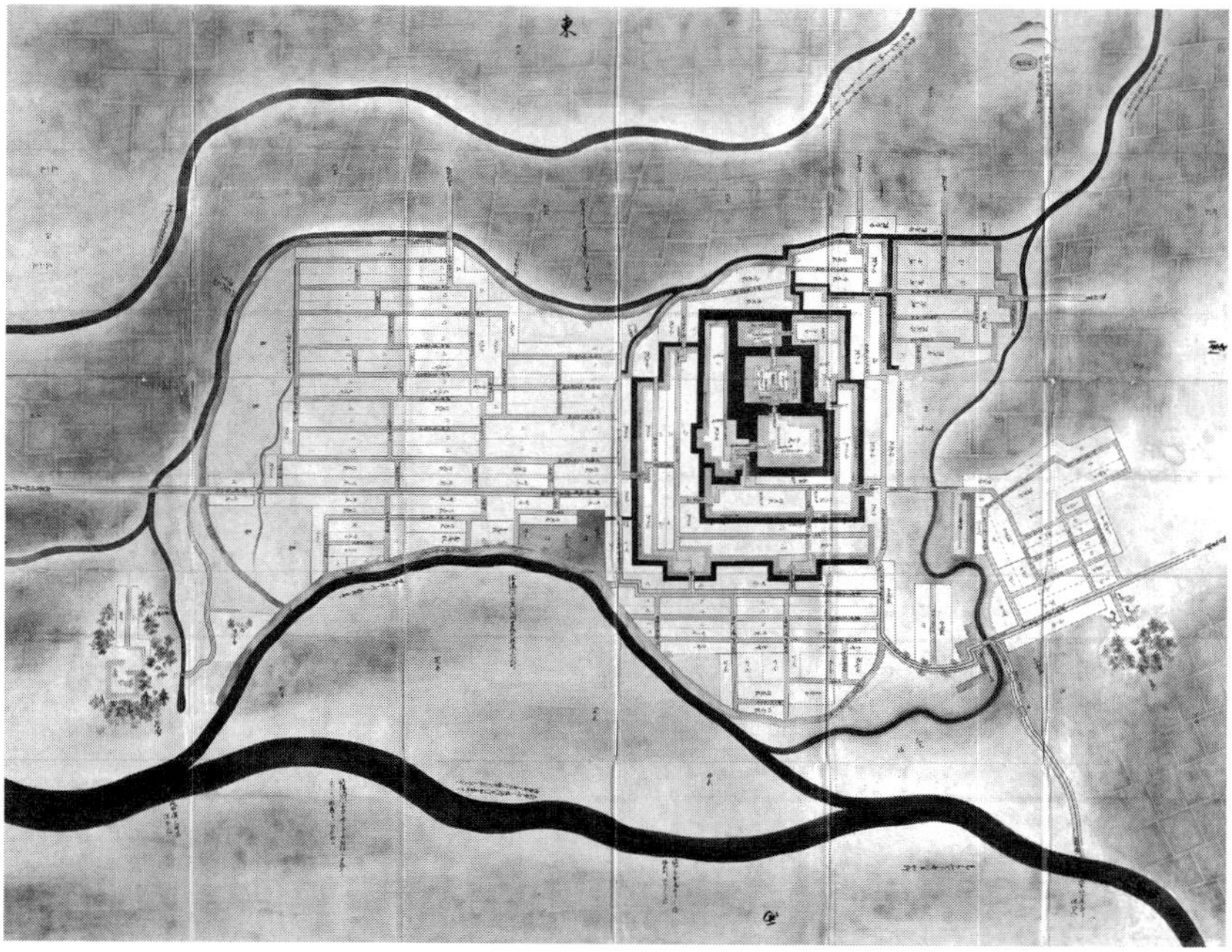

正保元年(1644)に幕府が命じて作成させた城下町の地図。河川に囲まれた地形に町がつくられたことがわかる(『越後国古志郡之内長岡城之図』国立公文書館所蔵)

城の間取り 22

山口城【やまぐちじょう】（山口県）

的を排して防御の死角をなくした近代的な城

城を沿岸から内陸へ移動

黒船来航によって、欧米列強の脅威が白日の下にさらされた幕末。攘夷派の諸藩は、戦に備えて城郭建設に着手した。その一つが、長州藩の**山口城**だ。

長州藩では、居城の萩城《はぎじょう》は海に近いために、外国艦隊の砲撃にさらされるという懸念があった。そこで元治元年（1864）に築城されたのが、山口城である。山口は領内の中心部に位置しており、海から遠く、山地が多い堅牢な地形だった。

新しい城の建築は幕府によって禁じられていたものの、長州藩は「館」と偽って山口城を築いた。そのため藩内では「山口御屋形《おやかた》」とも呼ばれていた。

館としての届け出が許可されたのは、実際に萩城本丸の御殿を解体・移転したためだ。もっともその周囲を囲うのは、敵の攻撃に備えた防御施設である。御殿周囲を、**八角形を崩したように配置した稜《りょう》堡《ほ》である**。稜堡とは防御施設の一種で、山口城の稜堡は、土塁と石垣で固められた。

形状は外国の稜堡式要塞に近い（蝦夷地《えぞち》に幕府が築いた五稜郭《ごりょうかく》も稜堡式要塞）。各部には、大砲を設置可能なスペースもあったとされる。八方向から攻撃可能であったのなら、迎撃の死角をなくすことができただろう。

◎山口城の間取り図

大内氏が築城した高嶺城跡があり、緊急時の詰城となった

萩城から移築
櫓や天守など、砲撃の標的になる建物は造られなかった

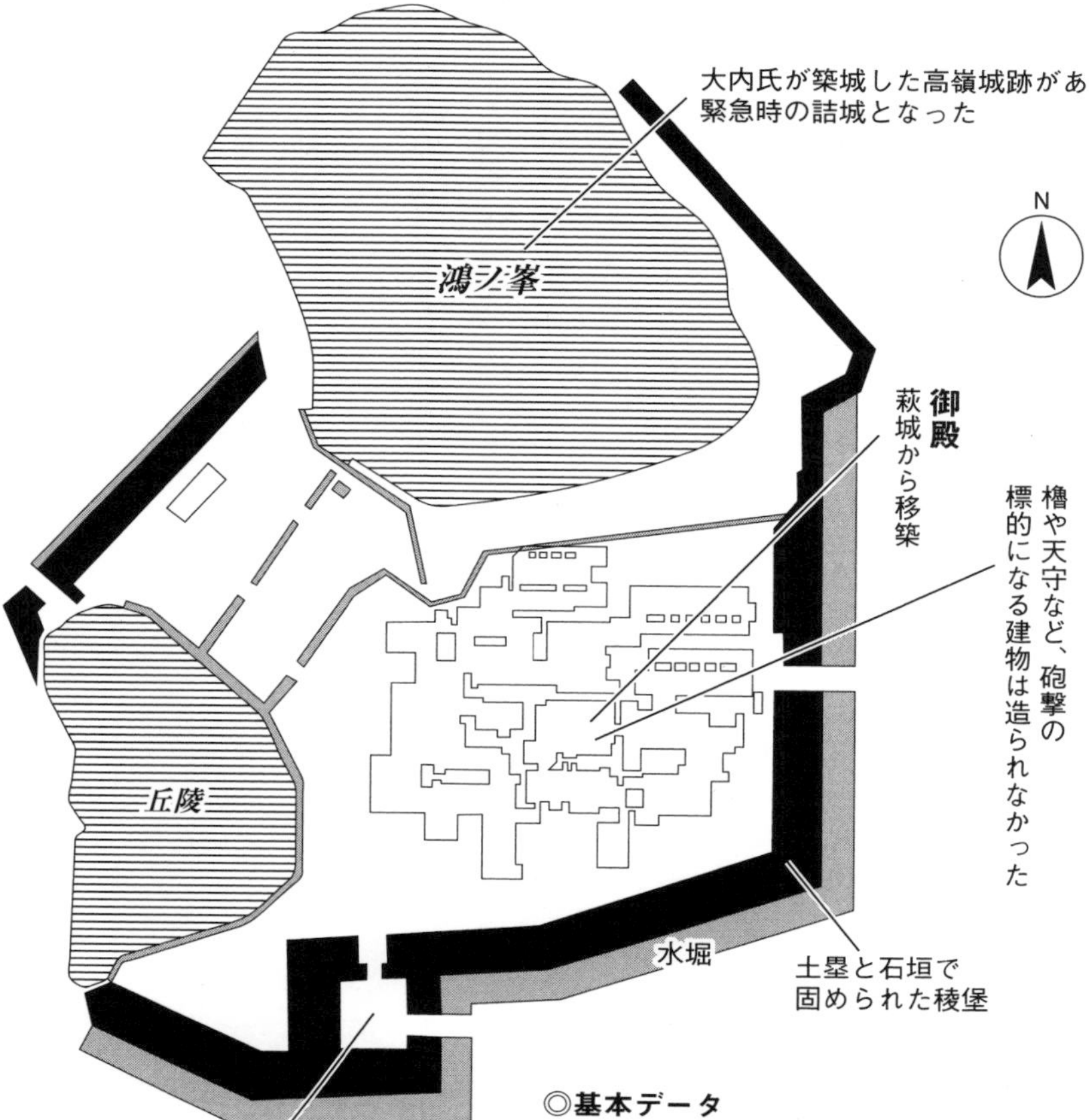
表門
3カ所の出入口のうち、表門のみ桝形

◎基本データ

・元治元年（1864）に完成した毛利敬親の居城
・外国船の砲撃に弱い萩城に代わる新たな政治拠点として、内陸部の山口に築城
・幕府には館と偽って築造。そのため山口御屋形とも呼ばれた
・砲台・土塁・水濠を据えた当時最先端の西洋式城郭
・明治維新後、城内に山口県庁が置かれる
・廃城後は跡地に新たな県庁舎が建設された

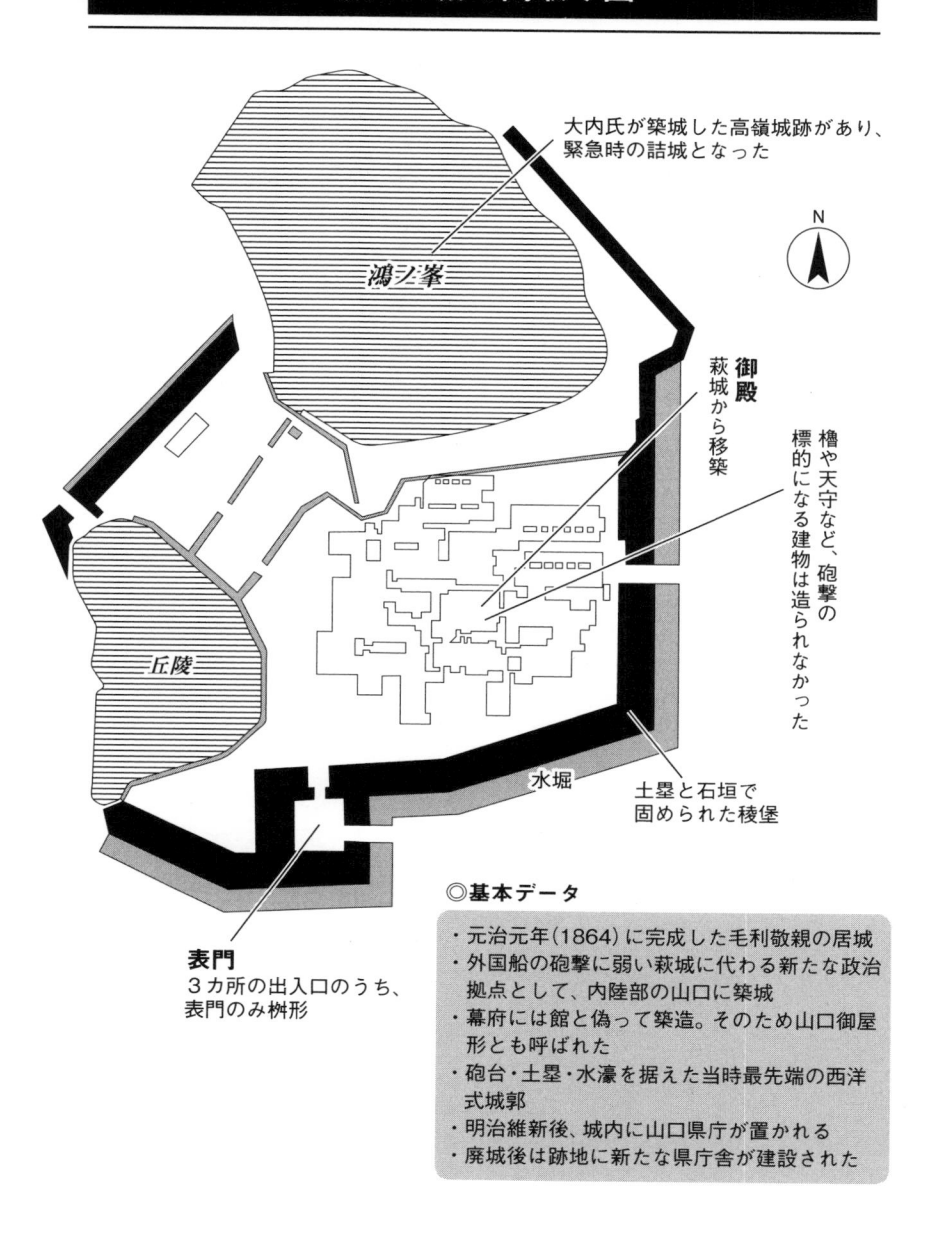

出入口は桝形《ますがた》空間を配した表門と、東西に設けられた門の3カ所のみ。南から東にかけて水堀を設けて、敵の侵入に備えた。

北部と西部に防御施設はないものの、地形を防御に利用している。北部には、高嶺城《こうのみねじょう》の跡地がある標高300メートル級の鴻ノ峰《こうのみね》がそびえている。緊急時にはこの地を詰城にする計画もあったという。西側部分は、現在は更地ながら、当時は山地が広がり、人の侵入を防ぐことが可能だった。

最大の特徴は、**櫓や天守を一切配さなかった**ことにある。図を見ても、櫓らしきものはどこにもない。表向きは館なので当然だが、砲撃の目標物を極力廃する目的もあったようだ。近代的な稜堡を備え、的となり得る櫓を撤廃した山口城は、全国に先駆け日本の城郭の常識を捨て去った城だといえる。

幕府に備える城だった?

もっとも、山口城は外国ではなく、**江戸幕府への備え**だったともいわれる。攘夷派の長州藩は、開国路線を進める幕府を警戒していた。山口城完成直後は折悪く、長州藩は朝敵扱いを受けており、幕府の号令で諸藩から攻撃を受ける寸前だった（第一次長州征討）。

このとき、長州藩は幕府に降伏し、山口城を廃棄している。しかし慶応2年（1866）、幕府軍が再び長州に兵を向けると、長州藩は山口城を本拠地として応戦。幕府軍の撃退に成功している。

明治維新後は山口県庁として利用されたが、明治6年（1873）に廃城となった。施設の多くは取り壊されたものの、一部の門は現在も、山口県庁に残されている。

奇兵隊。第二次長州征討の際、幕府軍撃退に貢献

長州藩の居城だった萩城。幕末になると、艦船による砲撃が警戒され、政治機能は内陸の山口へと移された（『日本古城絵図 萩之城絵図』国会図書館所蔵）

城の間取り 23

勝山御殿【かつやまごてん】（山口県）

屋敷と偽り造られた外国に備えるための城

表向きは藩邸だが実態は城

勝山御殿《かつやまごてん》は、表向きは長府藩の藩邸だ。元治元年（１８６４）、櫛崎陣屋《くしざきじんや》の藩庁を移設する形で、田倉《たくら》に築かれた。だがその実態は、石垣と水堀を備えた事実上の城郭である。

御殿は、西を砂子多川《すなこだがわ》に、その他の三方を山に囲まれた構造である。三段の石垣を備えており、下段には二の丸と三の丸、中段と上段には本丸が置かれた。

藩邸として造っただけあって、本丸内部は他の藩邸と酷似している。藩政を行う表殿と、藩主家族が生活する奥殿の二重構造だ。表殿には大御書院をはじめ、貴人を迎える御座《ござ》の間《ま》、使用人や侍臣が控える御次《おつぎ》の間《ま》など十余りの部屋が置かれた。

だが、**藩邸のような見た目でありながらも、城のように防御を意識した構造が、随所にみられる。**

◎基本データ

- 文久４年（1864）、長府藩主の毛利元周により、山口県下関市の勝山に築かれた
- 居城である櫛崎城は海に面しており、艦船の攻撃を受ける恐れがあったため、内陸へ移動
- 本丸の南に二の丸・三の丸が並ぶ連郭式の山城
- 砲撃の目標となりうる櫓は存在しない
- 巨石を用いながら斜めに石材を積んだ「山県（やまがた）積み」の石垣が特徴
- 砲撃戦を想定して石垣の上に土塁を設置

◎勝山御殿の間取り図

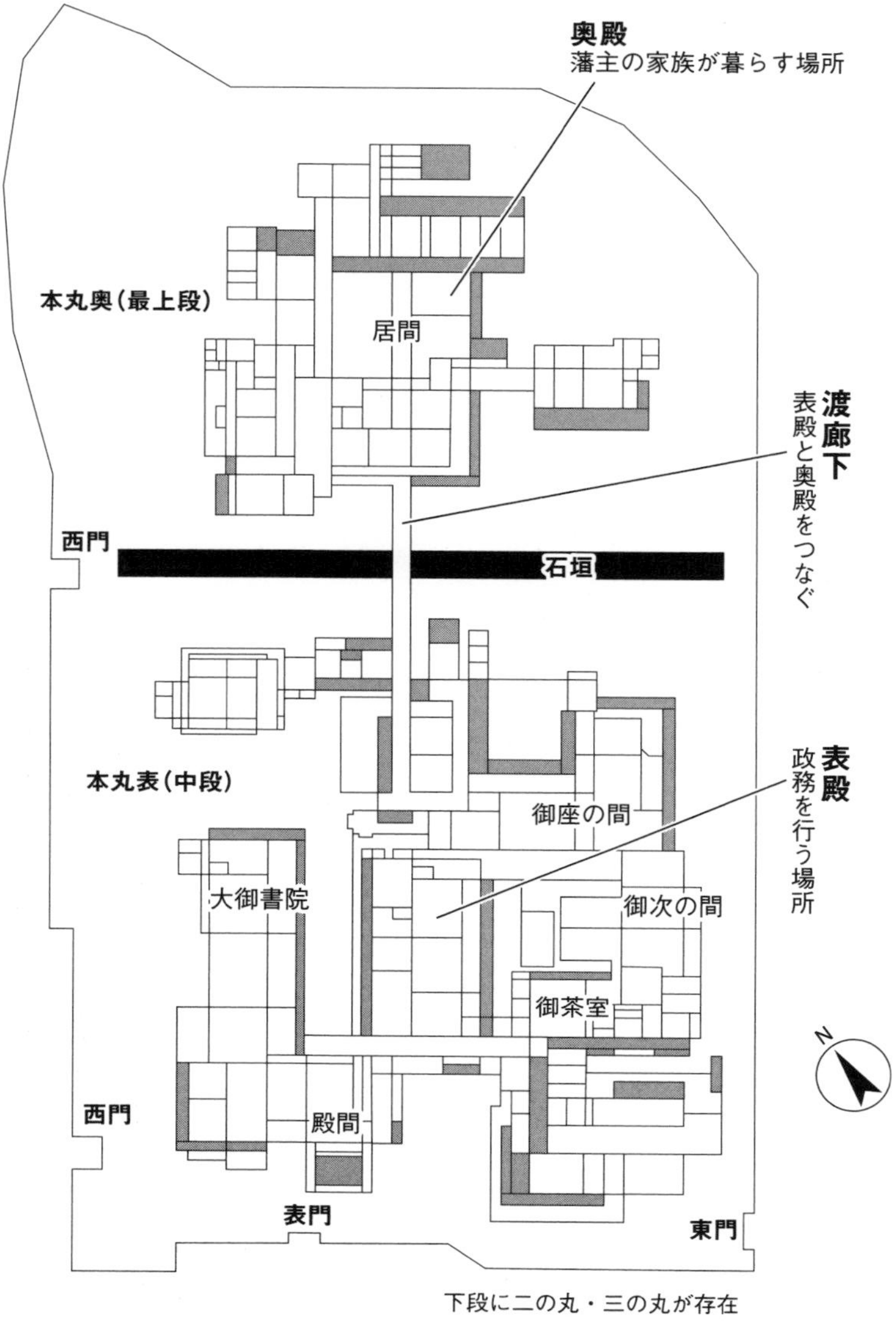
奥殿
藩主の家族が暮らす場所
本丸奥（最上段）
居間
渡廊下
表殿と奥殿をつなぐ
西門
石垣
本丸表（中段）
表殿
政務を行う場所
御座の間
大御書院
御次の間
御茶室
殿間
西門
表門
東門
N
下段に二の丸・三の丸が存在

表殿と奥殿の外部を囲んでいるのは、普通の石垣よりも高く積まれた**高石垣**だ。表殿の侵入口は、表門、東門、西門に限定される。

奥殿の守りにも、工夫がみられる。図で、表殿と奥殿の間を見てもらいたい。両空間をつなぐのは、一本の細い渡廊下《わたりろうか》だけだ。奥殿は水堀で囲われているので、経路は限定されている。これ以外から奥殿に入れるのは、高石垣と石段で底上げされた西門か、東端の階段しかない。

欧米列強への備え

なぜ長府藩は、幕府に隠してまで事実上の城郭を造ったのか？それは、**外国との戦争に備えるためである**。

長府藩は、尊王攘夷の急先鋒である、長州藩の支藩だった。長府藩も当然攘夷派となるが、外国と対峙するのなら、旧藩邸の立地は問題だった。海峡に面するために艦砲を受ける可能性が高かったの

英仏蘭米軍によって占拠された長府の前田砲台。長府藩は外国船の報復に備えて拠点を内陸の勝山に移した

だ。事実、文久3年（1863）5月に長州藩が外国艦隊と戦闘になった下関戦争のときには、周辺区域がフランス艦隊の砲撃に晒されている。そこで同年6月より、7カ月のスピード工事で内陸に建設されたのが、勝山御殿だった。

御殿は砲撃戦を想定して、石垣上部が土塁でつくられた。土塁なら、石垣よりも砲撃で飛散しにくいからだ。

また、天守や櫓を一切設けなかったのも、砲撃の的にされないようにとの配慮である。近世城郭と近代要塞を組み合わせた設計だったと言える。

元治元年（1864）、勝山御殿は下関戦争において、長府藩軍の本拠地となったが、戦闘の舞台

にはならなかった。その後、藩庁・県庁として機能し、明治6年（1873）に解体された。

◎長府藩・長州藩の城の位置

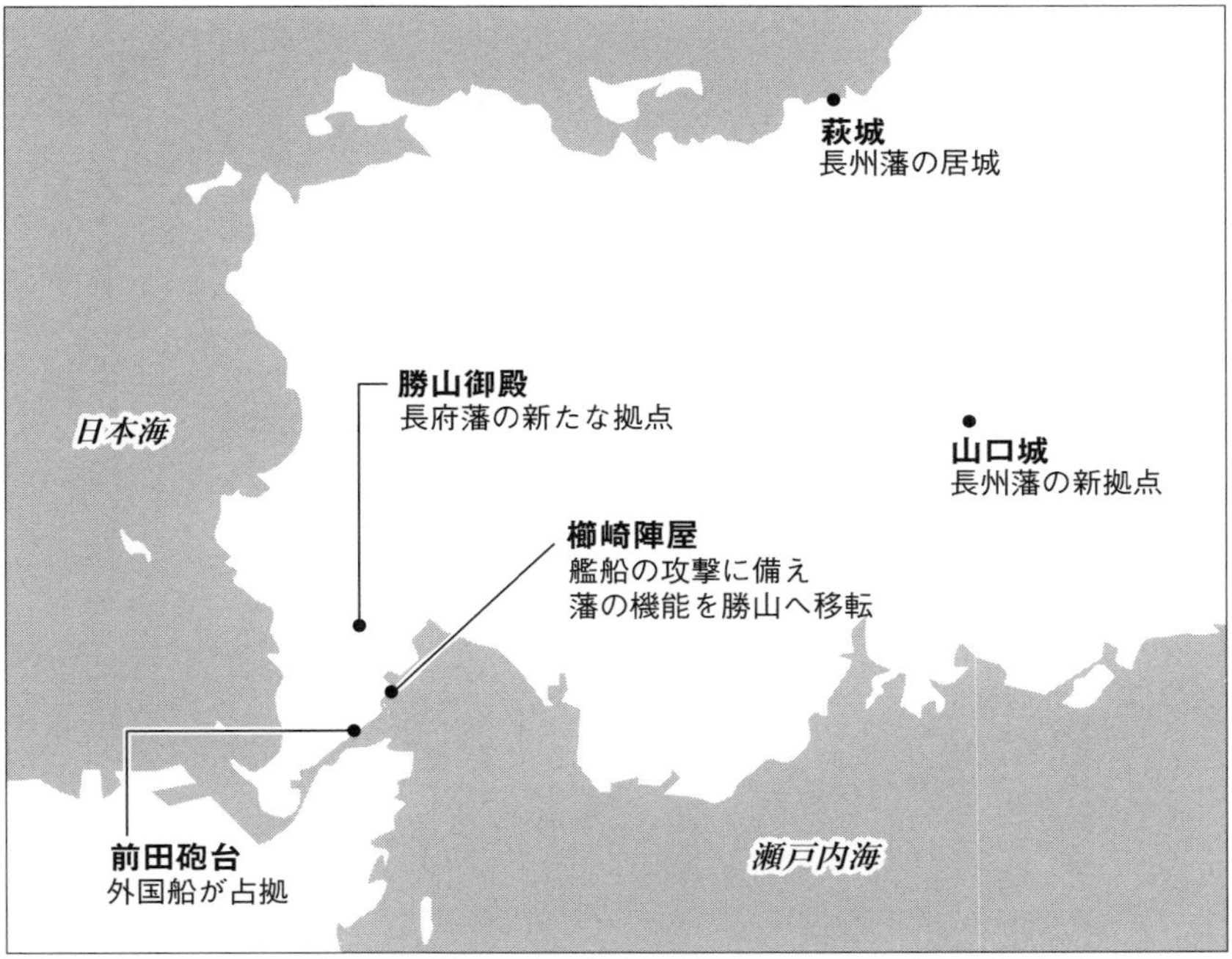

城の間取り 24

松前城【まつまえじょう】（北海道）

軍学の粋を集めて造られた城の致命的な弱点

幕末に築かれた海戦拠点

松前城《まつまえじょう》は幕末に築かれた、非常に新しい城だ。築かれたのは現在の北海道にあたる、蝦夷地《えぞち》。蝦夷地の大部分はアイヌの居住地区だったが、ロシアをはじめとした外国船来航に危機感を覚えた幕府は、蝦夷地を直轄地とし、防御力の強化に努めた。その過程で、嘉永2年（1849）に築城を命じられたのが松前城である。

設計には、長沼流軍学者の市川一学《いちがく》が携わった。完成当初は、軍学の粋《すい》を集めた名城と呼ばれたらしい。その理由は**正面特化の強固な防備**にある。

まずは図で、南側の間取りを見てほしい。海側に面し、全体を覆うのが三の丸である。外国船との砲撃戦を想定していたことから、ここには**最新鋭の砲台7門が配置**された。砲撃による石の飛散を防ぐため、外壁は石垣ではなく、土

◎基本データ

- 日本最後期かつ日本最北の城郭
- 嘉永２年（1849）に幕府が築城を命令、嘉永３年（1850）築城開始、安政元年（1854）完成
- 松前崇広が松前氏の陣屋であった福山館を大改修し、外国艦船の攻撃を想定して築城
- 石垣には、周辺で採れる緑色凝灰岩を使用
- 津軽海峡へ向けて三の丸に七つの砲台を設置
- 財政難により陸側の守りは固められなかった
- 箱館戦争では弱点の陸側から旧幕府軍の攻撃を受けて落城した

◎松前城の間取り図

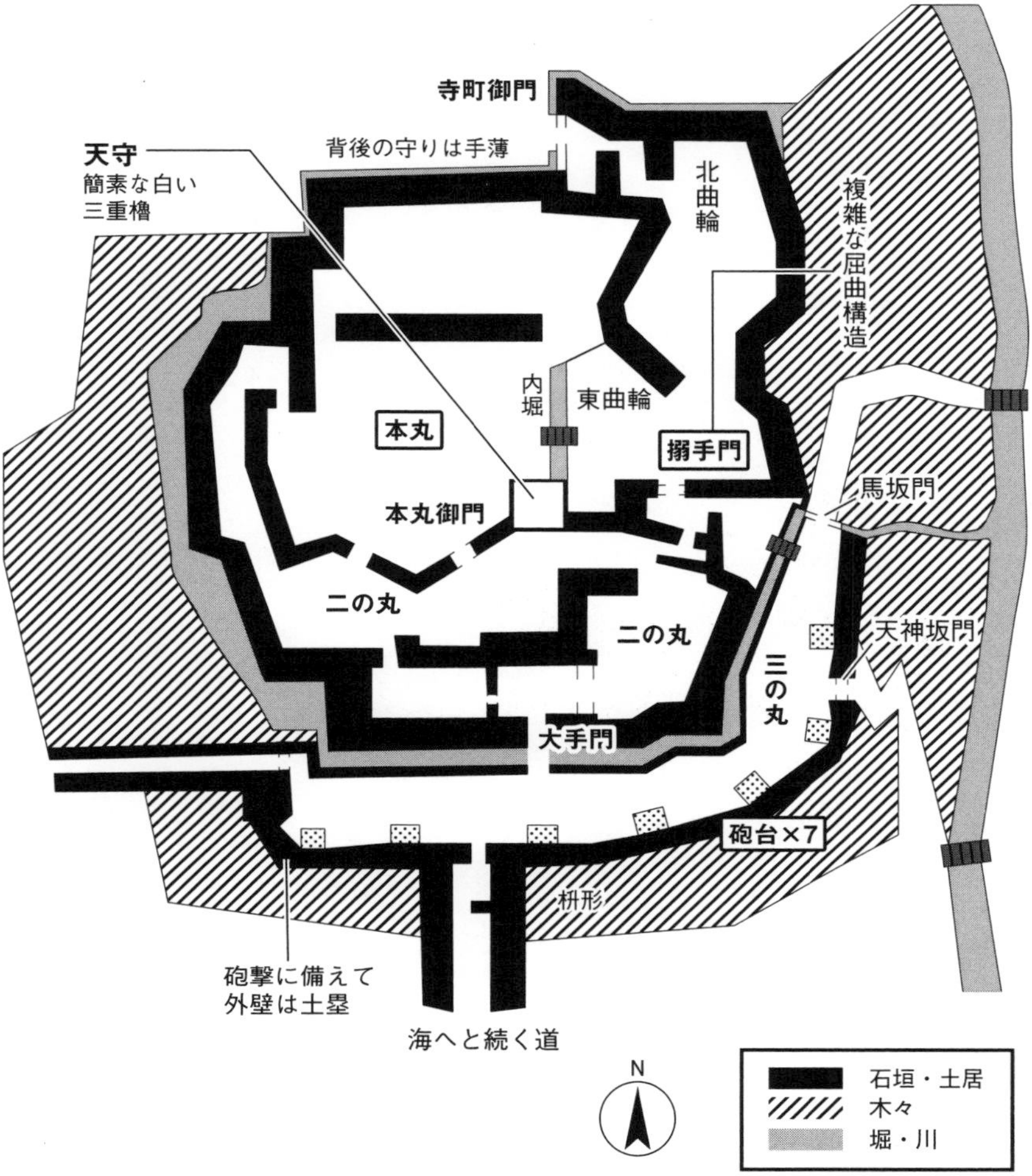
寺町御門
天守
簡素な白い
三重櫓
背後の守りは手薄
北曲輪
複雑な屈曲構造
内堀
東曲輪
本丸
搦手門
馬坂門
本丸御門
二の丸
二の丸
天神坂門
三の丸
大手門
砲台×7
枡形
砲撃に備えて
外壁は土塁
海へと続く道
N
石垣・土居
木々
堀・川

塁が採用されている。土塁内には鉄板やケヤキ板を仕込んだことから、防弾性も高い。

また敵の侵入を遅らせるために、正面の大手門《おおてもん》をはじめ、至る場所に桝形《ますがた》空間が配された。大手門とその先に桝形の構造にするという二段構えの態勢で、さらに続く二の丸にも、屈曲が多用された。中でも図の東側にある搦手門《からめてもん》方面は、横矢を仕掛けやすいよう複雑な城壁が施されていた。こうした幾多の屈曲構造は、当時の軍学者が好んだ形状だった。まさに軍学の技術を結集した堅城だったといえる。

手薄な後方を攻められる

だが、この構造には二つの致命的な弱点がある。一つは、**砲撃目標となりやすい天守を本丸に備えたこと**。もう一つは、**城北部の脆弱な構造**である。

図で城の北側を見ていただきたい。複雑な構造の前面とは違い、非常にシンプルだ。寺町御門に桝

復元された松前城の天守

形空間がなく、突破されたら単純な構造の曲輪を通って、天守までほぼ一直線だ。しかも東部をよくみると、山間の道から三の丸の背後を突くことができる。つまり、複雑な構造の二の丸を飛ばして、搦手門に到達できてしまう。堅牢な前面とは違い、**背後と側面があまりにも手薄**なのである。

こうした城は通常、高石垣《たかいしがき》や地形で弱点をカバーするのだが、松前城は低い土塀や石垣を置いただけだ。海上戦闘を重視するあまり、前面以外が手薄になったのだと思われる。

当然ながら、実戦でもこの弱点は露呈した。明治元年（1868）11月5日、蝦夷地に上陸した旧幕軍は、函館の五稜郭《ごりょうかく》を占領後、

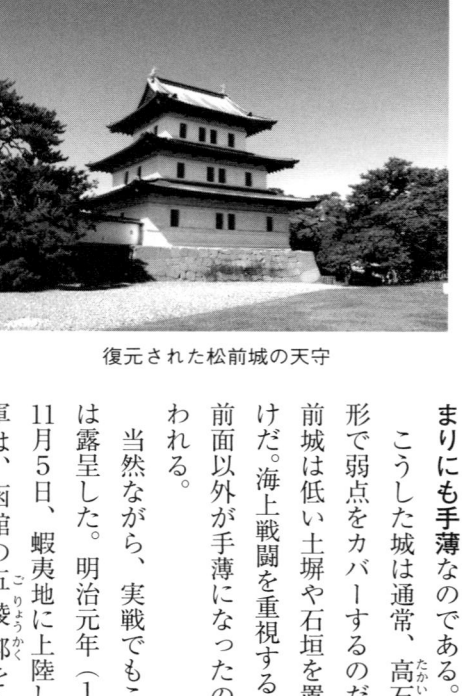

戊辰戦争を描いた錦絵。右上の城が松山城。正式名称の福山城の名で記されている。広島の福山城と区別するために松前城と呼ばれた（『時明治元戊辰ノ夏旧幕ノ勇臣等東台ノ戦争破レ奥州へ脱走ナシ夫ヨリ函館へ押渡再松前城ニ於テ合戦ノ図』国会図書館所蔵）

新政府側の松前城に攻撃を決行した。旧幕軍は軍艦で砲撃を展開しつつ、山間の道から馬坂口を通って搦手門を攻撃。その最中に土方歳三率いる別動隊が裏側の寺町御門へと迂回し、城内へと侵入した。松前城の守備隊は本丸への強襲になすすべがなく、わずか一日で城を攻め落とされたのである。

しかも、その翌年、同様の戦術で旧幕府軍は新政府軍に城を奪い返されている。軍学の粋を結集したはずの要塞は、思うようには機能してくれなかったようだ。

第四章 間取りから見る経済・生活

城の間取り 25

小田原城【おだわらじょう】（神奈川県）

秀吉の攻撃に備えて城下町ごと囲い込む

戦国時代の巨大な城の実態

戦国時代、南関東に一大勢力を築いた北条氏（後北条氏《ごほうじょう》）。その居城だった**小田原城**は、武田信玄や上杉謙信も攻略することのできなかった堅城である。城は豊臣秀吉に明け渡されたが、力攻めで敗れたことは一度もなかった。

現存する絵図に描かれているのは江戸時代に改修された姿だが、北条時代の遺構を活用しているだけあって、その堅牢ぶりは健在である。

戦国時代の小田原城は、どんな姿をしていたのか？　見取図などの絵画資料は現存しないが、『北条五代記』には、「広さは東西へ五十町、南北へ七十町、めぐりは五里」とある。つまり、東西は約5・5キロメートル、南北は約7・7キロメートルである（めぐりは五里＝約20キロとあるが、実際は約9キロメートル）。現在の小田原市をまるまる包摂する、大規模な城郭である。

険しい箱根山地に建てられただけあって、小田原城の構造には、自然の地形が活用されている。その代表が、**総構え**という長大な堀・土塁である。『北条五代記』に記された「めぐり」にあたる部分だ。秀吉の攻撃に備えてつくられた構造で、城下町と防衛上で不利な地形を、この総構えに丸ごと取り込んだのだ。

◎小田原城の間取り図

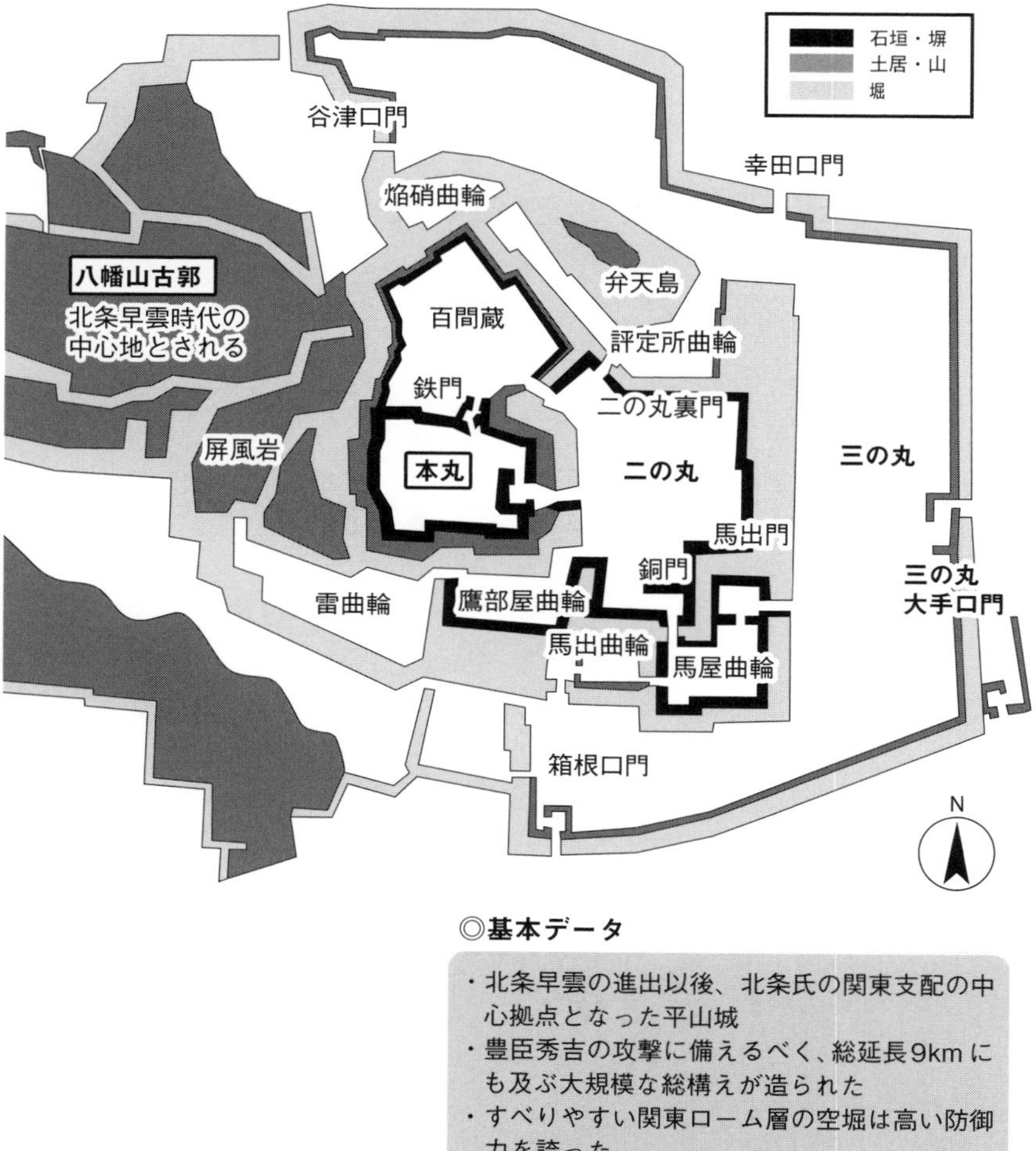

◎**基本データ**

- 北条早雲の進出以後、北条氏の関東支配の中心拠点となった平山城
- 豊臣秀吉の攻撃に備えるべく、総延長9kmにも及ぶ大規模な総構えが造られた
- すべりやすい関東ローム層の空堀は高い防御力を誇った
- 田畑を堀で囲んでおり、包囲されても長期の籠城が可能だった
- 上杉謙信や武田信玄を退けるも、豊臣秀吉の小田原攻めにより落城

総構えは土塁と空堀で造られ、全周は約9キロメートルに及ぶ。その一部は、現在にも伝わっている。旧三の丸の空堀跡の、「小峯《こみね》御鐘ノ台大堀切《おかねのだいおおほりきり》」と呼ばれる場所だ。東堀、中堀、西堀の三つから成り、地面がえぐられたかのような見た目をしている。

東堀は幅が20メートルを超え、深さは約12メートル、しかも堀は50〜60度という急勾配だ。そのうえ、この地は関東ローム層というすべりやすい地質だったため、一度落ちれば這い上がるのは困難だ。

北条氏は、この総構えの中央や西方に、防御拠点を構えたとされている。図中西方に位置する、**八幡山**《はちまんやま》にあたるエリアだ。現在は、「八幡山古郭《こかく》」と呼ばれている。北条氏初代にあたる、早雲の時代の中心地だったとされている。

この地からは発掘調査により、複数の曲輪がみつかっている。また、至るところに防御力を向上させた堀も見つかった。

北条氏は八幡山を背に曲輪を造ることで、敵の侵入を防いだのだろう。八幡山も関東ローム層でできているため、この山を登って城に侵入することは、不可能に近かった。

その後、小田原城が徳川家の城になると、小田原城の主要部分は八幡山の南東部へと移され、現在に至っている。

何度も壊れたがたびたび修復

小田原城が北条・徳川によって重視されたのは、この城が交通の要衝だからである。

小田原城が位置するのは、東海道の箱根。東海道は西国と東国をつなぐ基幹道路だった。ヒト・モノの行き来が盛んで、経済的にも軍事的にも重要な地だった。

だからこそ、平和になった江戸時代にも、小田原城は重視された。城全体の規模は小さくなるものの、地震に伴う火災で天守が焼失したときも、幕府はより巨大な天守を再建している。富士山噴火の影響で城が壊れたときも復興工事が行われた。ここまで繰り返し修復が認められた城も珍しい。

◎小田原城の総構えの範囲

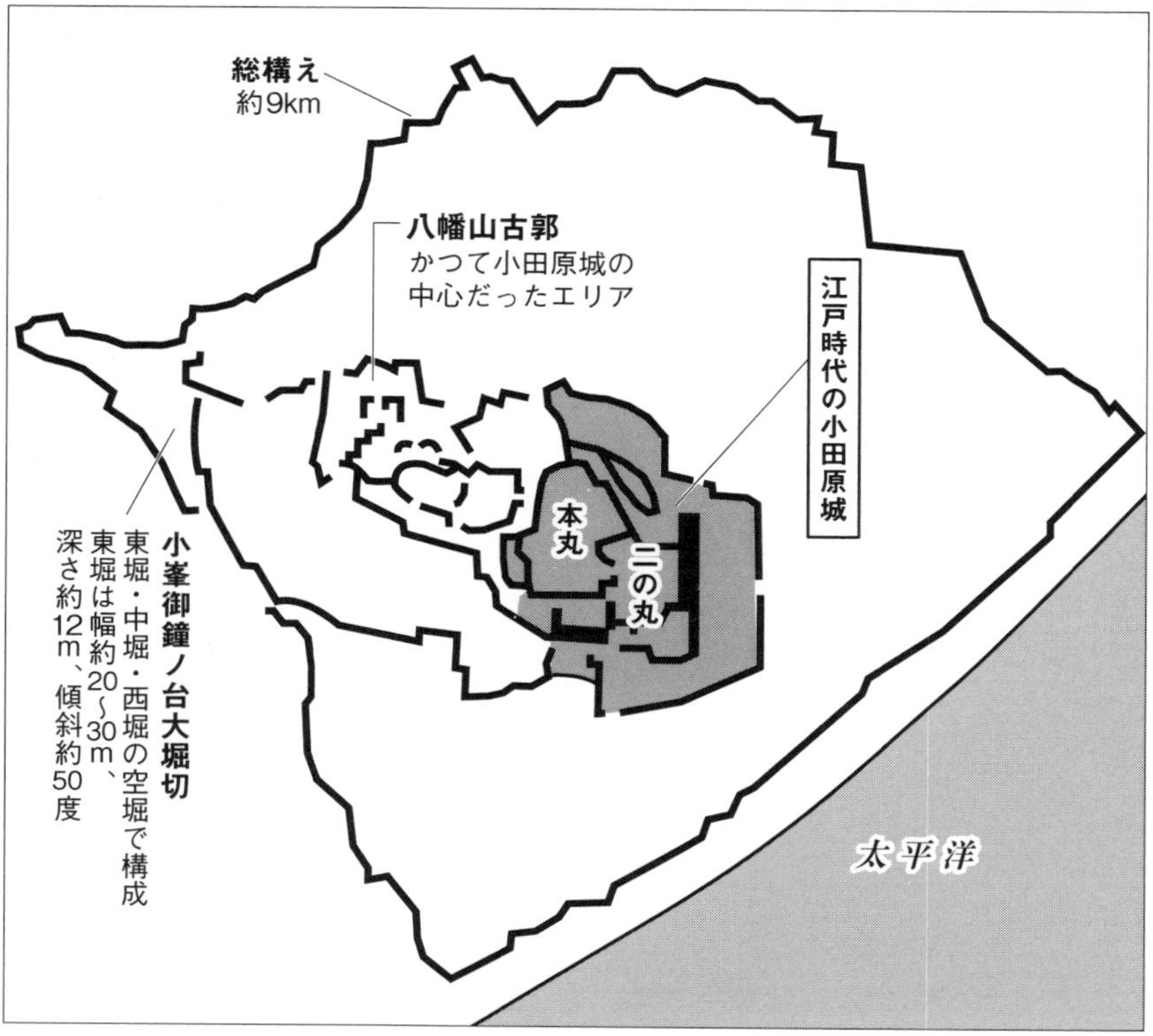

小峯御鐘ノ台大堀切。東堀など、一部のエリアは散策可能

城の間取り 26

姫路城【ひめじじょう】（兵庫県）

基幹道路を敷地に入れて交通路を掌握

実戦を意識した戦闘的な城

日本初の世界遺産として知られる**姫路城**。白漆喰《しろしっくい》仕立てで六階地下一階の大天守を持ち、「白鷺城《しらさぎじょう》」とも呼ばれている。家康の娘婿である池田輝政《てるまさ》が9年の歳月をかけて強化した、戦闘を意識した城である。

本丸が位置するのは、北部やや東寄りにある、姫路山の山頂だ。この本丸部分を頂点とし、南側に山里曲輪《やまざとくるわ》（上山里曲輪）、二の丸、三の丸と各曲輪が配置された。こうした内曲輪を水堀で囲み、武家屋敷や城下町のある中曲輪、外曲輪によって防備を固めた。

敵が本丸に最短コースで侵入する場合、南側から木橋を渡り、大手門から直進することになる。門から本丸までの距離は、直線距離で約1・7キロメートル。だがその道中、10以上の門とジグザグと折れ曲がった通路を進まなければ

◎基本データ

- 慶長6年(1601)、徳川家康の娘婿である池田輝政が改築開始。慶長14年(1609)、大天守完成
- 現存12天守、国宝5城の一つ。平成5年(1993)、法隆寺とともに日本初世界遺産となる
- 六階地下一階の大天守と三つの小天守がつながる
- 防火のため外壁に白漆喰を塗布、別名「白鷺城」
- 三つの堀によって内曲輪、中曲輪、外曲輪に区切られている。城郭が位置するのが内曲輪
- 内曲輪だけで10万トン以上の石を使用
- 姫路城南の城下町を、基幹道路である山陽道が通る

◎姫路城の間取り図

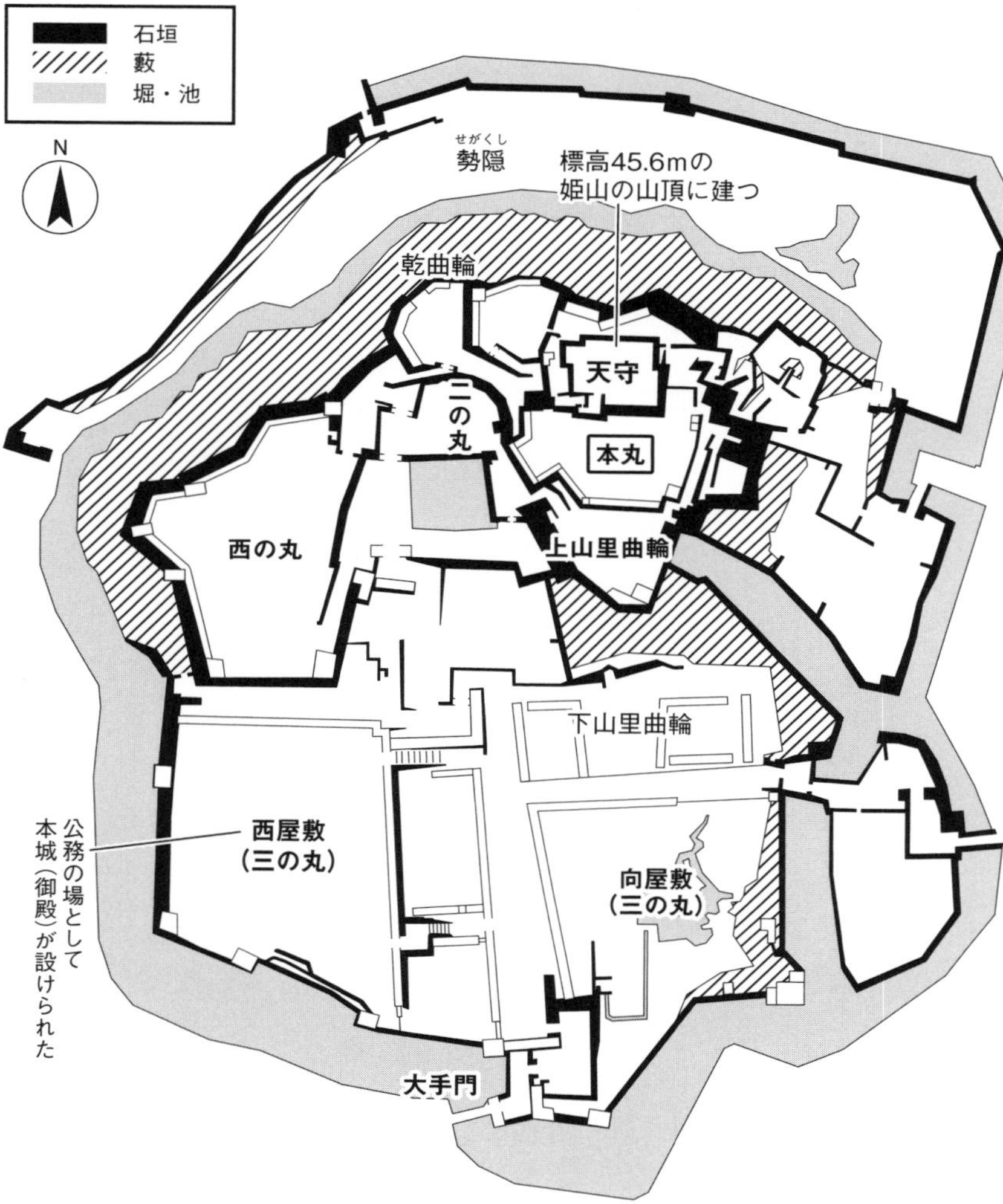

石垣
藪
堀・池
N
勢隠《せがくし》
標高45.6mの
姫山の山頂に建つ
乾曲輪
天守
二の丸
本丸
西の丸
上山里曲輪
下山里曲輪
公務の場として
本城（御殿）が設けられた
西屋敷
（三の丸）
向屋敷
（三の丸）
大手門

ならない。本丸の西側に位置する二の丸から乾曲輪のエリアは特に複雑で、S字カーブが多用されている。これにより、敵は側面から弓や鉄砲の攻撃を受ける機会が増加する。

これらを突破しても本丸への侵入を阻む工夫が、まだまだ待ち受けている。天守は複数の建物を組み合わせて複雑な構造にした、連立式天守である。石や熱湯を落とすための穴（石落とし）や、鉄砲で攻撃するための穴（狭間《さま》）が多数設けられたため、侵入者は頭上から狙い撃ちにされる。

本丸背後から攻撃をしようにも、帯状に広がる姫山《ひめやま》の原生林が、自然の防壁となっている。原生林を突破されても、高石垣で本丸との道を塞いでいるため、背後の備えは万全だ。こうした迷路のような複雑な構造が、姫路城の強さの秘密である。

城下町に山陽道が通る

輝政がここまで頑強な城を造ったのは、**西国大名による江戸進軍を防ぐため**である。姫路城が造られたころは大坂に豊臣秀頼が健在だった他、豊臣恩顧の大大名が、西国には点在していた。そうした勢力が家康のお膝元たる江戸に進行できないよう、姫山と鷺山《さぎやま》に、輝政は要塞を築いたのである。

この地が選ばれたのは、畿内と山陽方面を結ぶ、交通の要衝だからだ。山陽道をはじめ、室津道、但馬道、美作道、巡礼道など、古くから多くの街道が通る地として、為政者に重視されてきた。戦国時代にはすでに城郭が築かれており、豊臣秀吉によって支配された時期もある。秀吉も三階建て天守を築いたが、輝政はそれを上回る六階建て天守を築いている。

しかも、**姫路城の城下町は、山陰道が通っていた（秀吉時代に整備）**。つまり徳川幕府からすれば、東進を企んだ西の外様大名は、必ず姫路城と衝突する。商人や飛脚など、経済・生活インフラを支える人々の往来も多い。だからこそ、この地を守ることのできる巨大な天守と高い防御力を備えた城が、必要とされたのである。

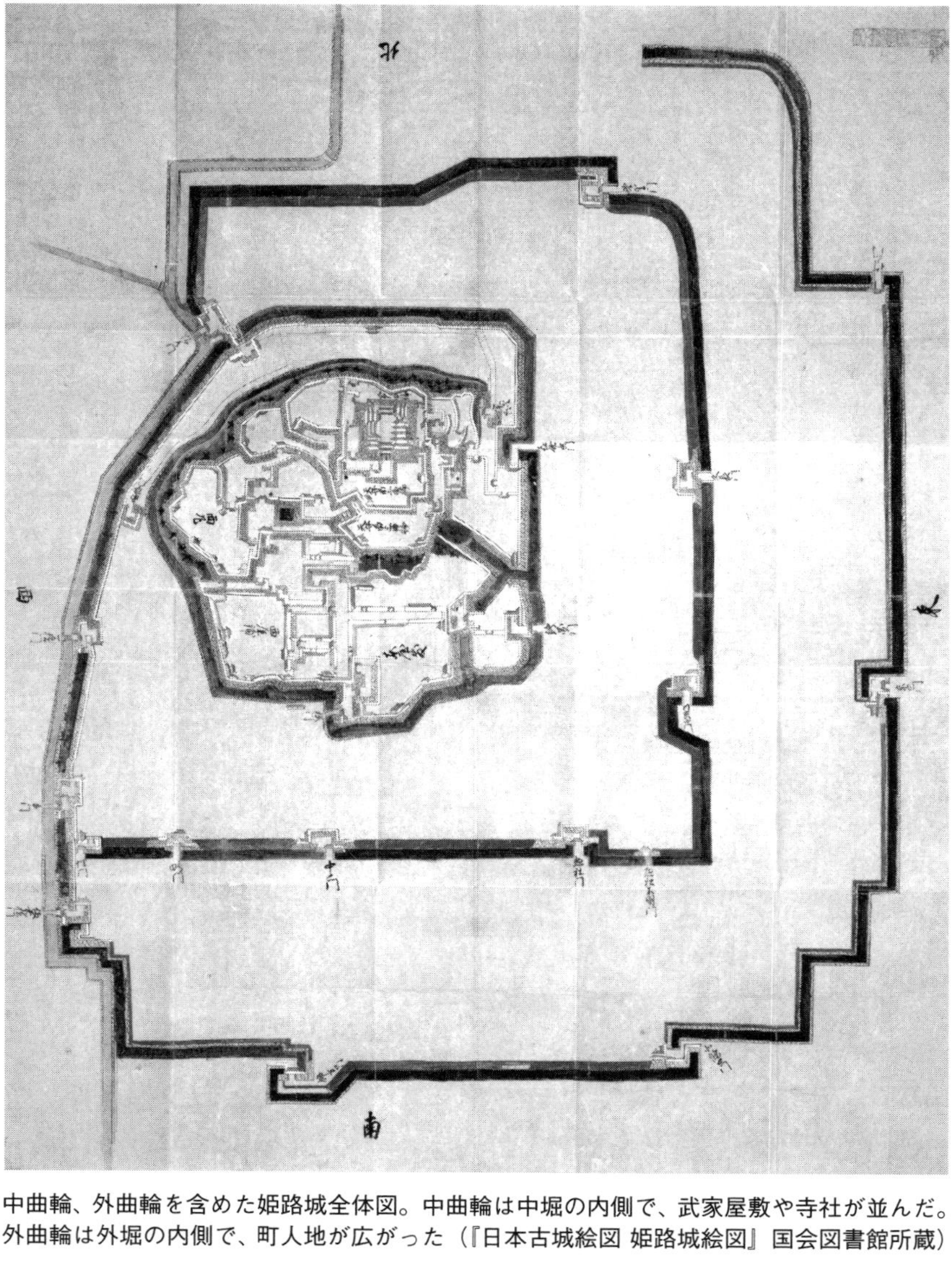

中曲輪、外曲輪を含めた姫路城全体図。中曲輪は中堀の内側で、武家屋敷や寺社が並んだ。外曲輪は外堀の内側で、町人地が広がった（『日本古城絵図 姫路城絵図』国会図書館所蔵）

城の間取り 27

川越城【かわごえじょう】（埼玉県）

本丸御殿は将軍専用の施設だった？

幕府が重視した江戸の背面

川越は、江戸と河川交通で結ばれた重要な場所だった。江戸の物流を支える商業拠点であると同時に、江戸城背面を守る要衝でもあったからだ。その守りを担ったのが、**川越城**である。

まず見てもらいたいのは、本丸を囲う曲輪《くるわ》の形状である。本丸の周囲を土塁が囲んでおり、その外側に複数の曲輪が取り巻いている。各曲輪は直線がほとんどなく、曲がりくねった構造だ。このうち、知恵伊豆《ちえいず》と称された松平信綱《まつだいらのぶつな》が、中曲輪と追手曲輪を新設したとされる。曲輪はいずれも、関東の城らしく、土塁で造られた。

また、城全体が湿地と水田に囲まれているのも特徴だ。水辺と農村部を、天然の要害として利用したのである。石垣を重視する関西の城郭とは異なる工夫だ。

◎基本データ

- 長禄元年（1457）に太田道真・道灌親子が築いたとされ、戦国時代には北条氏の居城となった
- 北条氏が滅ぶと家康の重臣が入城、その後、承応2年（1653）より、松平信綱が倍の規模に整備
- 江戸の北の守りを担う地として重視され、城主は徳川家重臣が務めた
- 川と低湿地に囲まれた、細長い台地の端に立地
- 天守の代わりに高さ約15mの富士見櫓を設置
- 本丸御殿は嘉永元年（1848）再建、大広間など一部が現存
- 現存する本丸御殿大広間は川越城と高知城のみ

◎川越城の間取り図

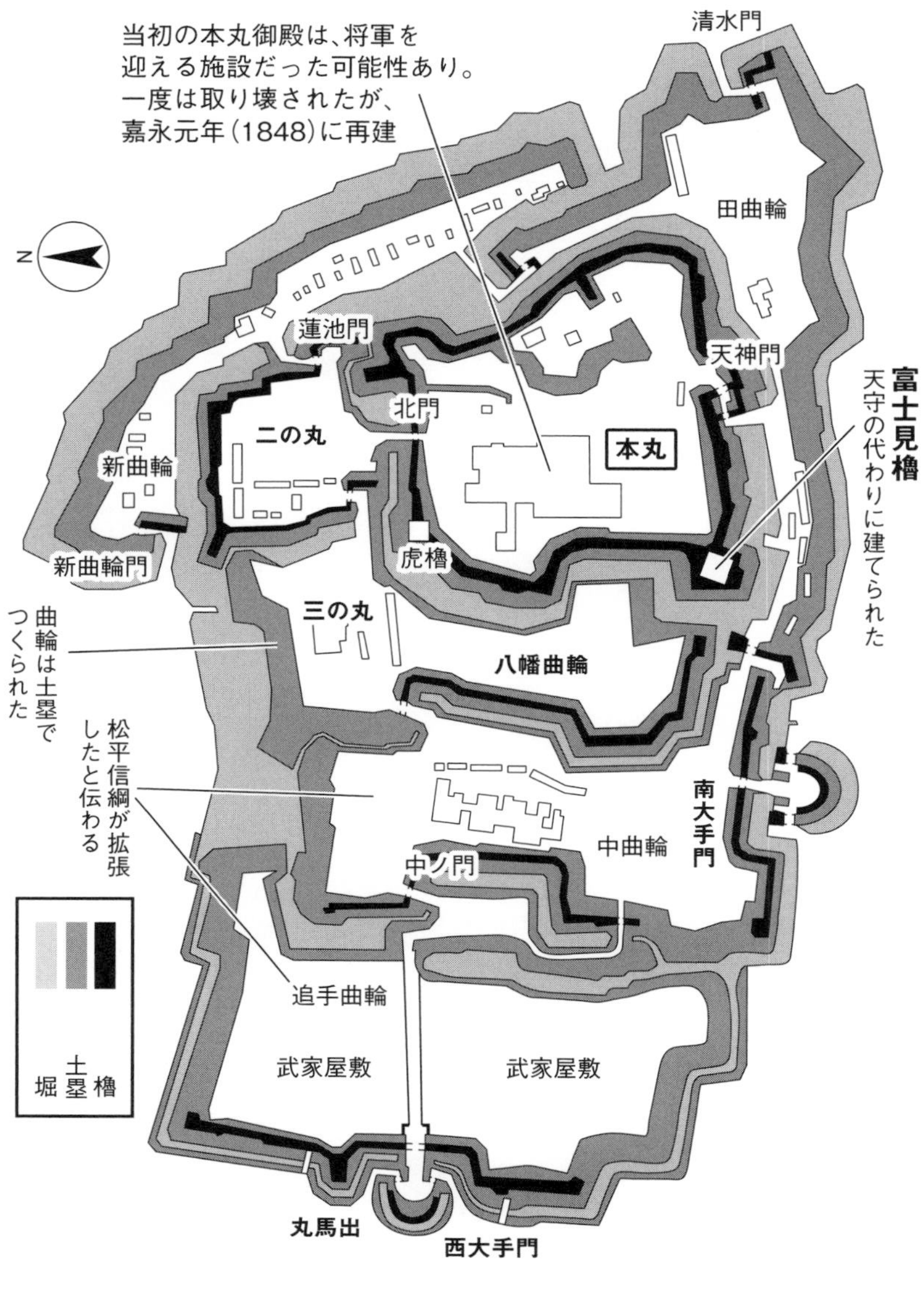
当初の本丸御殿は、将軍を
迎える施設だった可能性あり。
一度は取り壊されたが、
嘉永元年(1848)に再建
清水門
田曲輪
N
蓮池門
天神門
北門
二の丸
本丸
富士見櫓
天守の代わりに建てられた
新曲輪
新曲輪門
虎櫓
三の丸
曲輪は土塁でつくられた
八幡曲輪
松平信綱が拡張したと伝わる
南大手門
中曲輪
中ノ門
追手曲輪
武家屋敷
武家屋敷
堀
土塁
櫓
丸馬出
西大手門

将軍家光とゆかりの深い地

川越は江戸の北を守る重要な地であると同時に、徳川家にとっても特別な場所だった。

左図の川越城の南方、水堀に四角く囲まれたエリアを見てほしい。ここに、**喜多院**という大寺院がある。徳川家康の側近天海《てんかい》僧《そう》上《じょう》が住職を務めた天台宗の寺院だ。現在も、川越大師の名前で知られる。その大きさは、中小の城と変わらない規模だった。

天海。家康・秀忠・家光の３代に仕えた

寛永15年（１６３８）には川越の町を全焼させる大火事があり、喜多院も多くの建物が被害にあった。すると時の将軍家光は、江戸城紅葉山《もみじやま》の御殿を移築して、喜多院を再建したのだ。確かに、江戸城の移築と伝わる御殿には、徳川家の三つ葉葵紋が残っている。

なお、紅葉山のどの御殿が移されたのか不明だが、家光が生まれた場所だという伝承がある。現在、喜多院の客殿に「徳川家光公誕生の間」が設けられているのは、このためである。

また川越城本丸も、家光との結びつきが深いとされる場所だ。『徳川実紀《とくがわじっき》』によれば、家光は将軍になる前から、川越をたびたび訪れていた。鷹狩《たかがり》のためにだ。この際、定期的に川越へ来ていたのだ。**川越城の本丸御殿が家光の宿泊所として利用されたのでは**、と言われている。本丸御殿は将軍専用の施設で、藩主は代わりに二の丸御殿に居住していたとされる。

ただ、家光が宿泊したとも言われる本丸御殿は、のちに取り壊された。現存する本丸御殿は、焼失した二の丸御殿に代わって、嘉永元年（１８４８）に建てられたものだ。

現存する構造は一部のみだが、御殿建築が現存する例は全国で4例しかない。特に大広間が残っているのは、川越城の他には高知城のみ。貴重な歴史遺産である。

◎川越城全体図

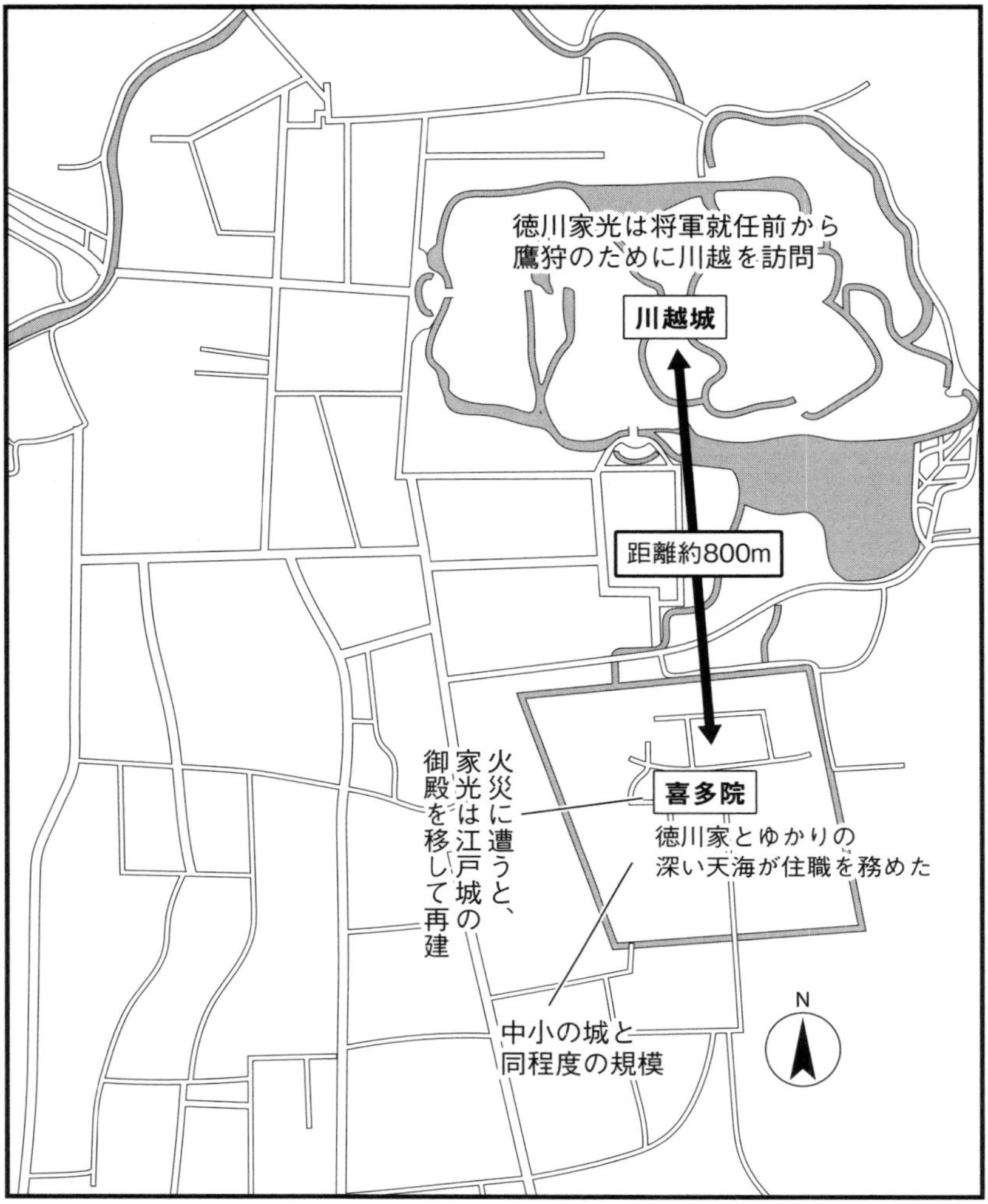
徳川家光は将軍就任前から
鷹狩のために川越を訪問
川越城
距離約800m
火災に遭うと、
家光は江戸城の
御殿を移して再建
喜多院
徳川家とゆかりの
深い天海が住職を務めた
中小の城と
同程度の規模
N

城の間取り 28

赤穂城【あこうじょう】（兵庫県）

軍学者設計の海城は戦う砦ではなかった？

軍学者が設計

赤穂城は、赤穂事件で有名な浅《あさ》野内匠頭長矩《のたくみのかみながのり》の居城だ。藩主ほど知名度はないものの、実は注目すべき要素が満載の城である。

赤穂城が位置するのは、現在の千種川《ちくさがわ》河口の三角洲《さんかくす》地帯。築城当時は南側が瀬戸内海に面した、海城であった。南側には水手門と船着き場が設けられており、監視用の櫓も建てられていた。

石垣には、屈折した構造が随所にみられる。これは、甲州流《こうしゅうりゅう》などの軍学の影響だとされている。

軍学とは、江戸時代の兵法学のこと。戦が少なくなった江戸時代には、軍学者が築城に関わることが多かった。赤穂城の場合、甲州流軍学者の近藤正純《まさずみ》が改修を指揮した。また、軍学に造詣が深かった藩主・浅野長直《ながなお》は、師の山鹿素《やまがそ》行《こう》に構造を手直しさせて、さらに変更を加えた。

◎基本データ

- 慶安元年（1648）、浅野長矩の祖父である長直が築城着手、寛文元年（1661）完成
- 近藤正純の指導により甲州流などの軍学に基づき設計。軍学者の山鹿素行も指導したと伝わる
- 輪郭式と梯郭式を組み合わせた変形輪郭式の海岸平城
- 東が千種川、南が瀬戸内海に面しており、船入から船の出入りが可能
- 赤穂事件後は永井直敬、次いで森長直が入城。以降、森氏が城主を務める
- 飲み水の確保のため城下町と城内に敷設された旧赤穂上水道は日本三大水道の一つ

◎赤穂城の間取り図

熊見川
屏風折
大手門
大石内蔵助邸
塩屋門
清水門
三の丸
二の丸門
船入
多数の櫓を設置
厩口門
本丸門
折れ曲がった構造により多方向から攻撃が可能
天守台
天守は建造されず
本丸
西中門
刎橋門《はねばしもん》
潮見櫓
干潟門
仕切門
二の丸
水手門
N
瀬戸内海（干潟）
石垣
堀・海
曲線を描いた石垣で放射状に攻撃することが可能

どんな変更が加えられたのか？　代表的なのは、**横矢掛**《よこやがかり》という仕掛けである。侵入してきた敵を、横から弓や鉄砲で攻撃するために設けた穴だ。城の構造にあわせて、至るところにつくられた。

まずは、三の丸の北西部をみてもらいたい。四角い空間を設けた、桝形《ますがた》構造の大手門《おおてもん》あたりだ。向かい側の突き出た部分があるのがわかるだろうか。**屏風折**《びょうぶおれ》という構造で、この所々に、側面から攻撃するための隙間が設けられた。城壁を屏風のように曲げることで、多方向を狙うことが可能だ。

また、**横矢桝形**という構造もあった。城壁を桝のように四角く突き出した構造だ。これも、横矢掛の方向を増やすための工夫である。本丸の櫓は東北隅櫓を除いて、すべてこの横矢桝形だった。こうした徹底した横矢による防衛が赤穂城の特色であり、当時の軍学者が好んだ工夫だった。

戦う砦から政庁へ

ただ、こうした設備は戦ではなく、**平時の警備を意識していたのでは**、という向きもある。

図の本丸東部分にある四角部分をみてもらいたい。ここには天守台が造られたが、**肝心の天守閣は、一度も築かれてはいない**。五重天守を建造する計画はあったようだが、結局は中止されて、本丸御殿のみで構成された。

なぜ天守が築かれなかったのか？　それは、城が造られたときにはすでに、平和な時代が訪れたからだろう。

赤穂城の築城が始まったのは、慶安元年（1648）のこと。完成したのは、寛文元年（1661）だ。すでに豊臣家は滅亡し、徳川家による支配体制が固まりつつあった。大名同士が城を舞台に領地を広げる時代は、すでに過ぎ去っていたのだ。

西国と近畿を結ぶ場所であるため、防衛上の拠点になる可能性はあった。だからこそ、広大な城を造ることを幕府から許されたのだろう。だが、築城時には泰平の世となっていたため、大規模な侵攻に備えるまでには至らなかった。

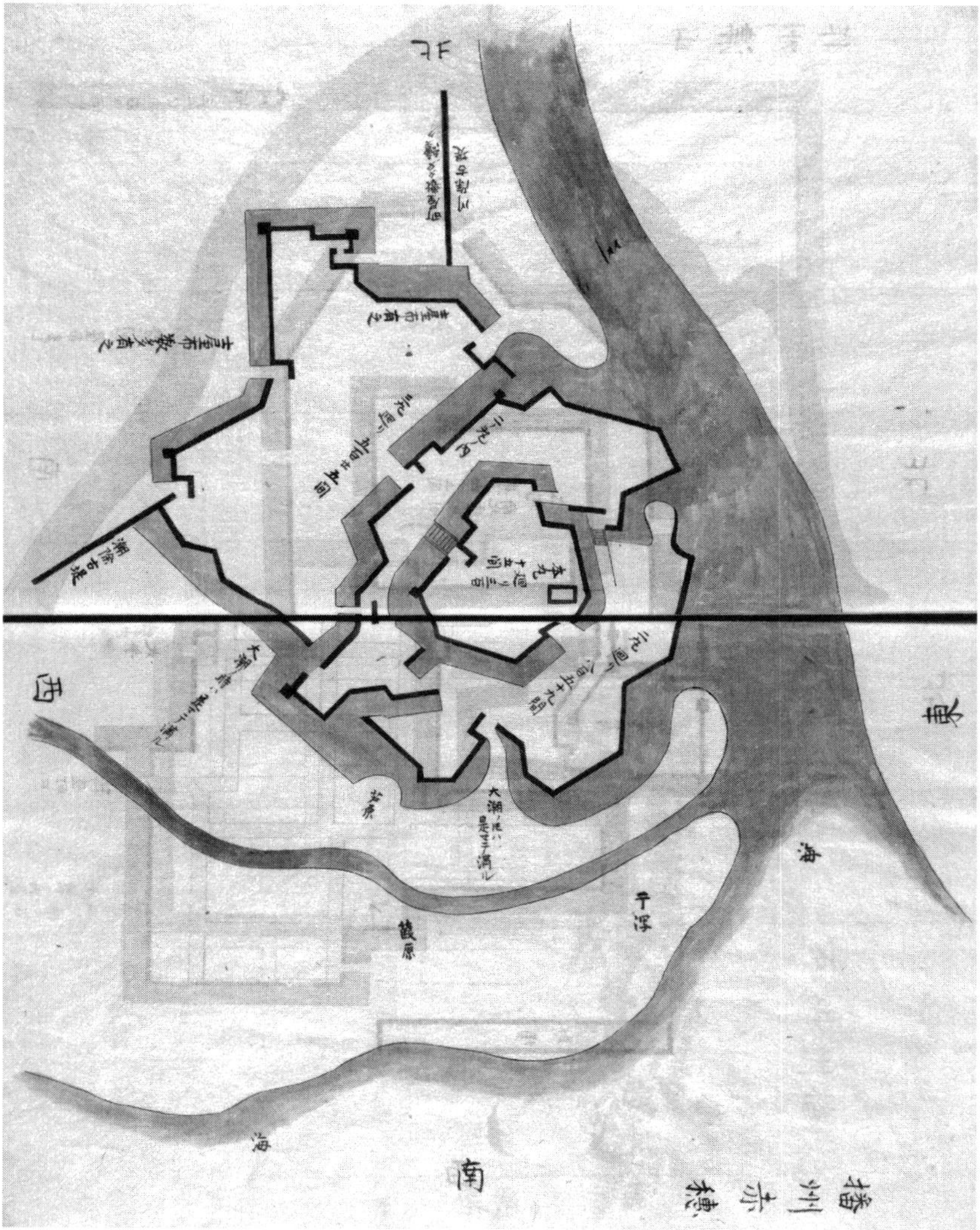

周囲の自然を含めた赤穂城全体図（『扶桑城図記』国会図書館所蔵）

城の間取り
29

桑名城【くわなじょう】

東海道唯一の海上路に連なる要衝

（三重県）

船が入ることのできる城

江戸時代、船舶は現代以上に貴重な、高速交通手段だった。陸路に比べ、水路は運搬量もスピードも、けた違いだったからだ。水路に程近い藩が、城を水運拠点にするケースも多かった。**桑名城**もその一つである。

桑名は木曽川《きそがわ》、長良川《ながらがわ》、揖斐川《いびがわ》の木曽三川が合流する地で、古くからある貿易拠点だ。戦国時代には東城、西城、三崎城の「桑名三城」がこの地にあった。このうちの東城の跡に、桑名城は建てられたとされている。

現在の桑名城の原型ができたのは、天正19年（１５９１）に桑名入りした一柳《ひとつやなぎ》右近《うこん》の治世から。その後、江戸時代に近世城郭へと改修される。この改修を手がけたのが、徳川四天王の一人、本多忠勝《ほんだただかつ》である。この忠勝の尽力で、10年の歳月をかけて整備された。

◎基本データ

・徳川四天王の一人である本多忠勝によって揖斐川沿いに建てられた水城
・築城とともに城下町の大規模な整備も実施
・大山田川や町屋川の流れを変えて外堀に利用するなど、水堀で守りを固めた
・本多氏の移封後は親藩大名が代々治めた
・東海道五十三次の宮宿と桑名宿をつなぐ海路「七里の渡し」を監視
・戊辰戦争では新政府に降伏して無血開城、降伏の証に天守代わりの三重櫓を焼却

◎桑名城の間取り図

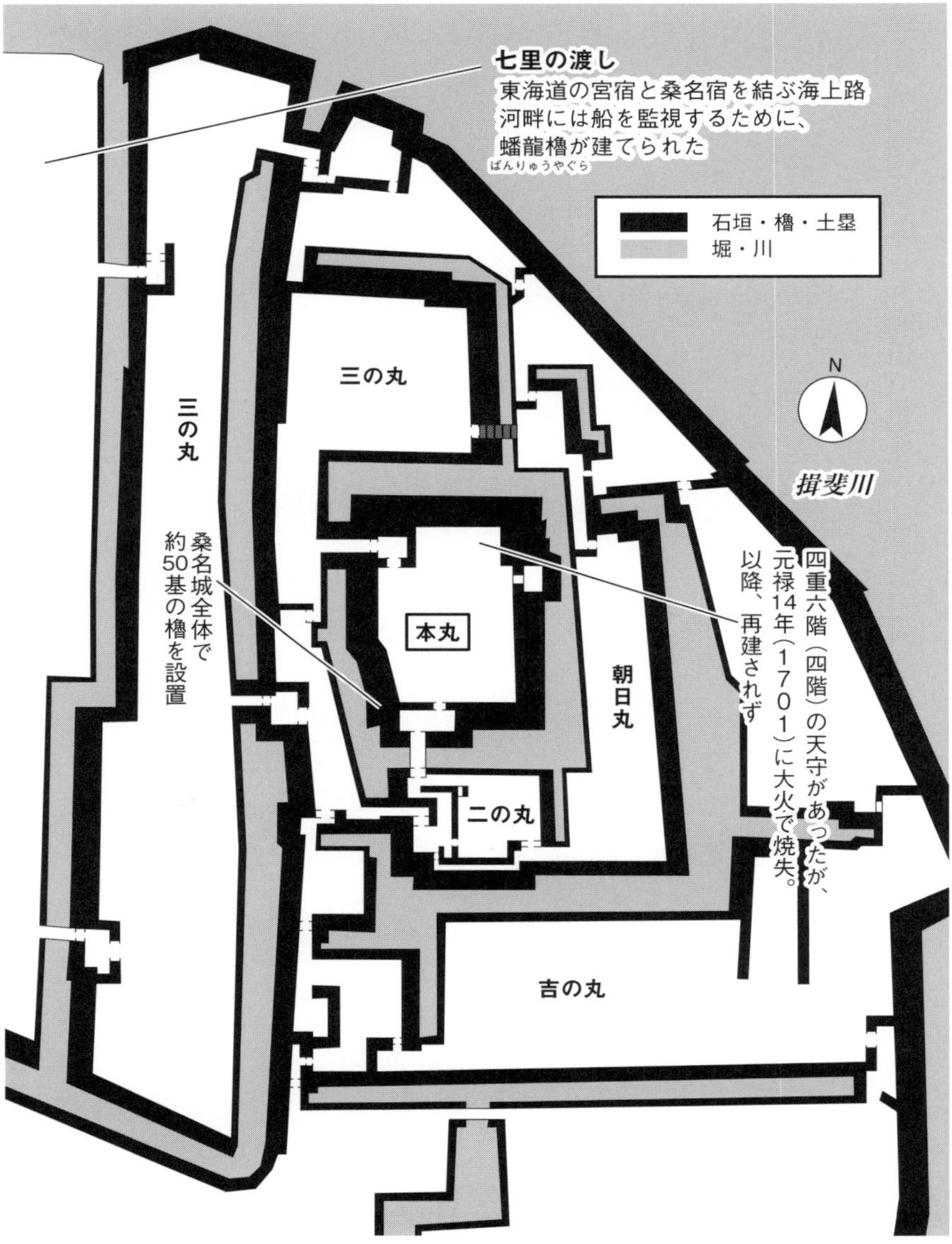
七里の渡し
東海道の宮宿と桑名宿を結ぶ海上路
河畔には船を監視するために、
蟠龍櫓《ばんりゅうやぐら》が建てられた
石垣・櫓・土塁
堀・川
三の丸
三の丸
N
揖斐川
桑名城全体で約50基の櫓を設置
本丸
朝日丸
四重六階（四階）の天守があったが、元禄14年（1701）に大火で焼失。以降、再建されず
二の丸
吉の丸

図の北東にある部分が城郭《じょうかく》だ。中心部が本丸で、南側は二の丸、東側は朝日丸という長細い曲輪《くるわ》が置かれている。この外側から三の丸、吉の丸で覆っている。

注目すべきは、**水堀の多さ**である。城郭内はもちろん、城下町の間にも、水堀が幾重も横断している。城の水堀には城北側の揖斐川が、城下町の外堀には大山田川と町屋川が利用された。

こうした水堀のうち、図の三の丸北西隅をみてほしい。水堀を挟んで、船着き場が設けられているのがわかる。ここから城下町の最西部を通り、人々は伊勢神宮や畿内に向かった。

この船着き場は、**七里の渡し**とも呼ばれた。七里の渡しという呼び名は、桑名から熱田までの七里（約28キロ）を結んだことに由来する。

江戸時代の桑名は、東海道五十三次の一部として栄えた桑名宿のあった地だ。**東海道唯一の水路**。中でも**揖斐川は**不審者の侵入を防ぐのに、うってつけの場所である。そのために、七里の渡しには船を監視するための櫓が隣接されたというわけだ。

水を活用した防御設備

水堀は、敵の侵入を防ぐのにも活用された。揖斐川を天然の掘割として活用しつつ、長大な水堀を張りめぐらすことで、高い防御力を実現している。また、水堀の幅も広く、本丸を囲う水堀の幅は約20メートルにもなる。

さらに、桑名城は**約50基の櫓を備えた、重武装の城**でもある。水堀で進軍を阻まれた敵を、櫓の上から集中攻撃することが可能なのだ。水の防備に重武装の城郭が合わさり、桑名城は堅牢な守りを実現したのである。

こうした備えには、幕府の西国支配を強化する目的があった。そのために家康の重臣である本多忠勝が藩主となったわけだ。

本多氏は元和3年（1617）に姫路転封となるが、次の藩主は徳川親族の松平（久松）定勝だ。家康の異父弟の系列である。その後も、徳川家に連なる家々が支配にあたった。

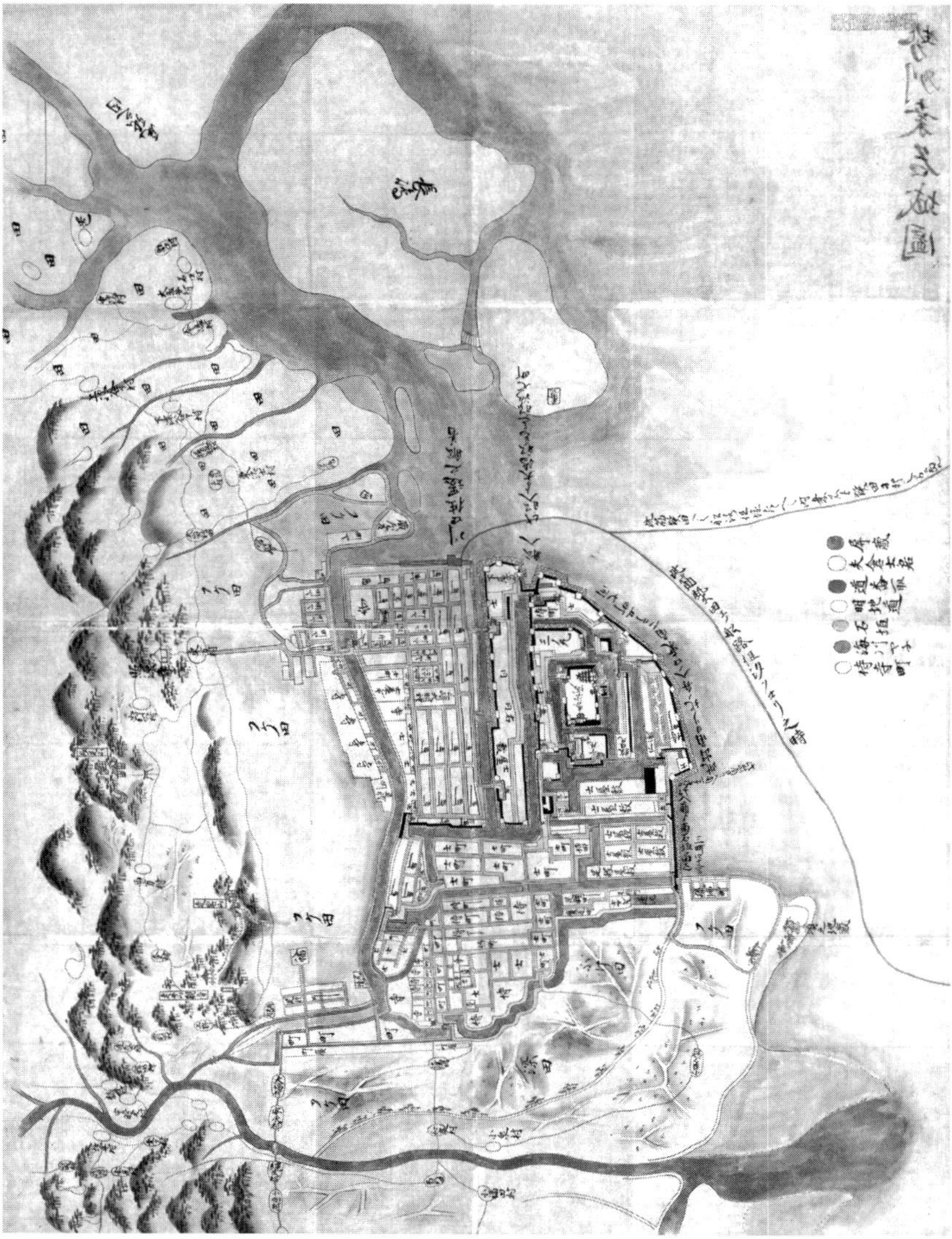

周囲の自然を含めた桑名城全体図。周囲が河川や山に囲まれた構造（『日本古城絵図 桑名城図』国会図書館所蔵）

城の間取り 30

弘前城【ひろさきじょう】（青森県）

石高以上の高い格式を許された城

東北の強固な要塞

弘前藩の本拠であった**弘前城**は、東北には珍しく、西国の最新技術が反映された城である。

弘前城が位置するのは、津軽平野南部の岩木川《いわきがわ》に面する台地の上だ。**河岸地形を巧みに利用した構造**である。

図の中央、長方形部分がもっとも高い場所で、ここが本丸にあたる。この本丸を、複数の曲輪で取り囲んだ構造となっている。天守が置かれたのは、本丸内部の南東隅だ。当初は五重の天守で、寛永4年（1627）に火災で焼失したのち、三階建てとして再建された。

最大の特徴は、複雑な水堀である。西側を見ると、太い川があるのがわかる。これが岩木川だ。この岩木川を天然の障壁として活用すると同時に、川の水を城内の水堀に取り込んだのだ。

◎基本データ

- 慶長16年（1611）、弘前藩2代藩主の津軽信枚が築城。地名の高岡から、当初は高岡城と呼ばれた
- 寛永5年（1628）、信枚の師である僧侶天海が地名を弘前と改める。これに伴い高岡城を弘前城と改称
- 城主の津軽家は5万石に満たない外様ながら、城の造りは堅牢で、六階建て天守を備えた
- 本丸の周りを曲輪と自然が囲んだ梯郭式平山城
- 土造りの城だが、本丸の一部には石垣を使用
- 寛永4年（1627）、落雷により天守などを焼失
- 文化7年（1810）に三階建ての御三階櫓を建設

◎弘前城の間取り図

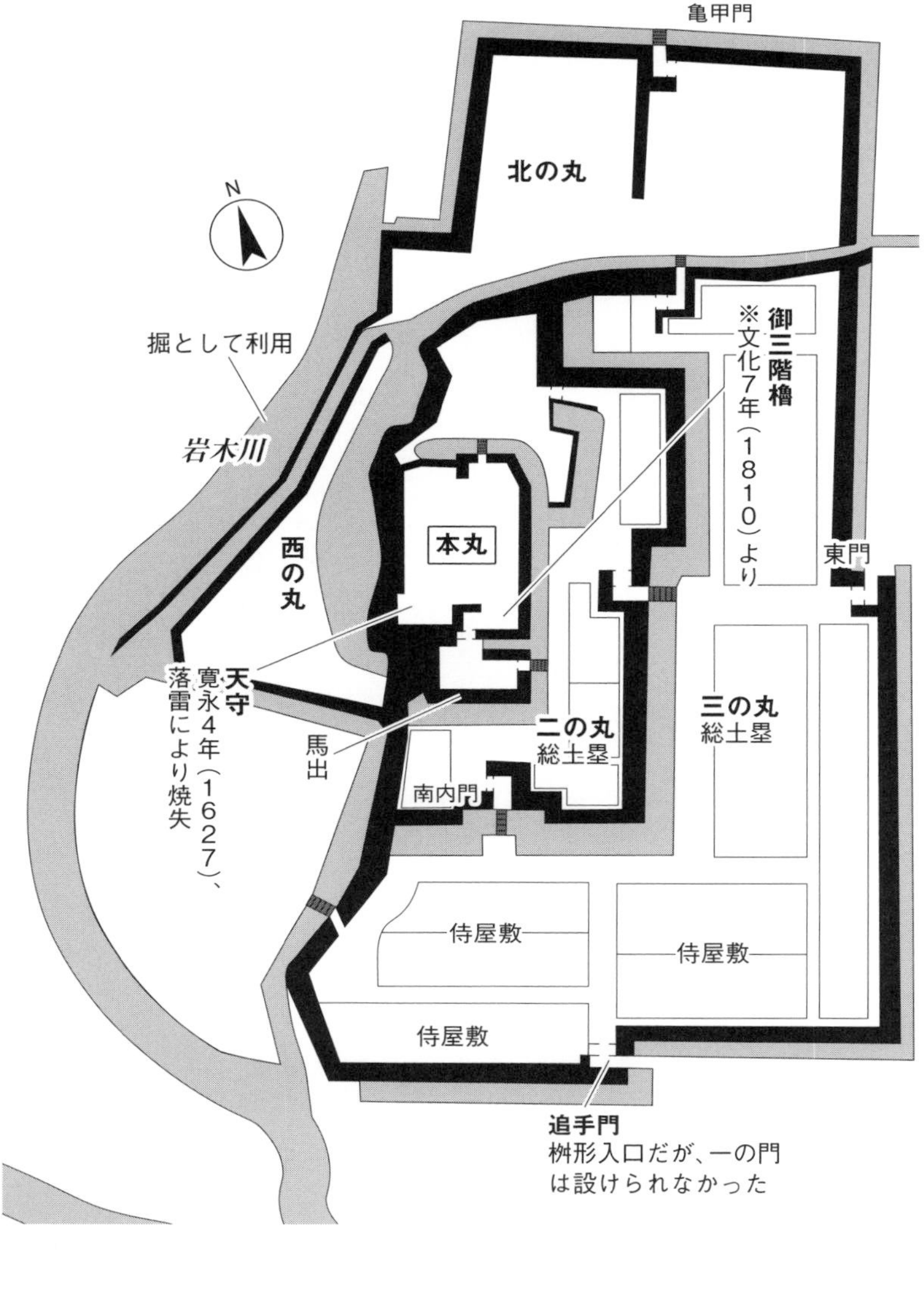
亀甲門
北の丸
N
掘として利用
岩木川
西の丸
本丸
天守
寛永4年(1627)、落雷により焼失
馬出
南内門
二の丸
総土塁
三の丸
総土塁
御三階櫓
※文化7年(1810)より
東門
侍屋敷
侍屋敷
侍屋敷
追手門
桝形入口だが、一の門は設けられなかった

次に、本丸と西の丸の間をみると、長細い堀がある。蓮池という水堀で、同じく岩木川から取水している。さらに西の丸と岩木川の間にも、西堀が通された。つまり、三つの水堀による三重の守りが、本丸には施されていた。

水堀は、他の曲輪にも設けられた。二の曲輪や三の曲輪の外部である。また、図の外側にある城下町は、防御に河川を利用している。城下町の東部が、土淵川《つちぶちがわ》という川で守られているのだ。まさしく、川と水を利用した堅牢な城だった。

元主君への対抗？

弘前城の主である津軽氏は、5万石に満たない大名ながら、格式以上の城を許されている。いったいなぜか？

一説には、**幕府が東北の外様大名への牽制を、津軽氏に期待した**とされる。津軽氏は外様ながら、初代藩主の為信は、幕府中枢にコネクションを持っていた。幕府にお家騒動の仲裁を頼んだことがきっかけである。

幕府からすれば、江戸時代初期の東北には、油断のできない外様が少なくなかったから、為信のような存在はありがたかったのかもしれない。

また、津軽氏側の視点に立って、盛岡藩の**南部氏への対抗心**を指摘する向きもある。

弘前藩主の津軽氏は、もともと東北の名家南部氏の家臣だった。秀吉の時代に津軽氏は独立するが、領地を割く形で独立した津軽氏に、南部氏は不信感を抱いたらしい。江戸時代になっても、その緊張はとけなかった。こうした対立を背景に、津軽氏は南部氏に対抗するために城を整備したのでは、と言われているわけである。

弘前城を完成させたのは二代藩主の信枚だが、築城計画を立てたのは、初代藩主の為信である。為信は、南部氏から独立した張本人だ。関ヶ原の戦い前後で社会が混乱していたため、堅牢な城を築いて攻撃に備えようとしたのかもしれない。

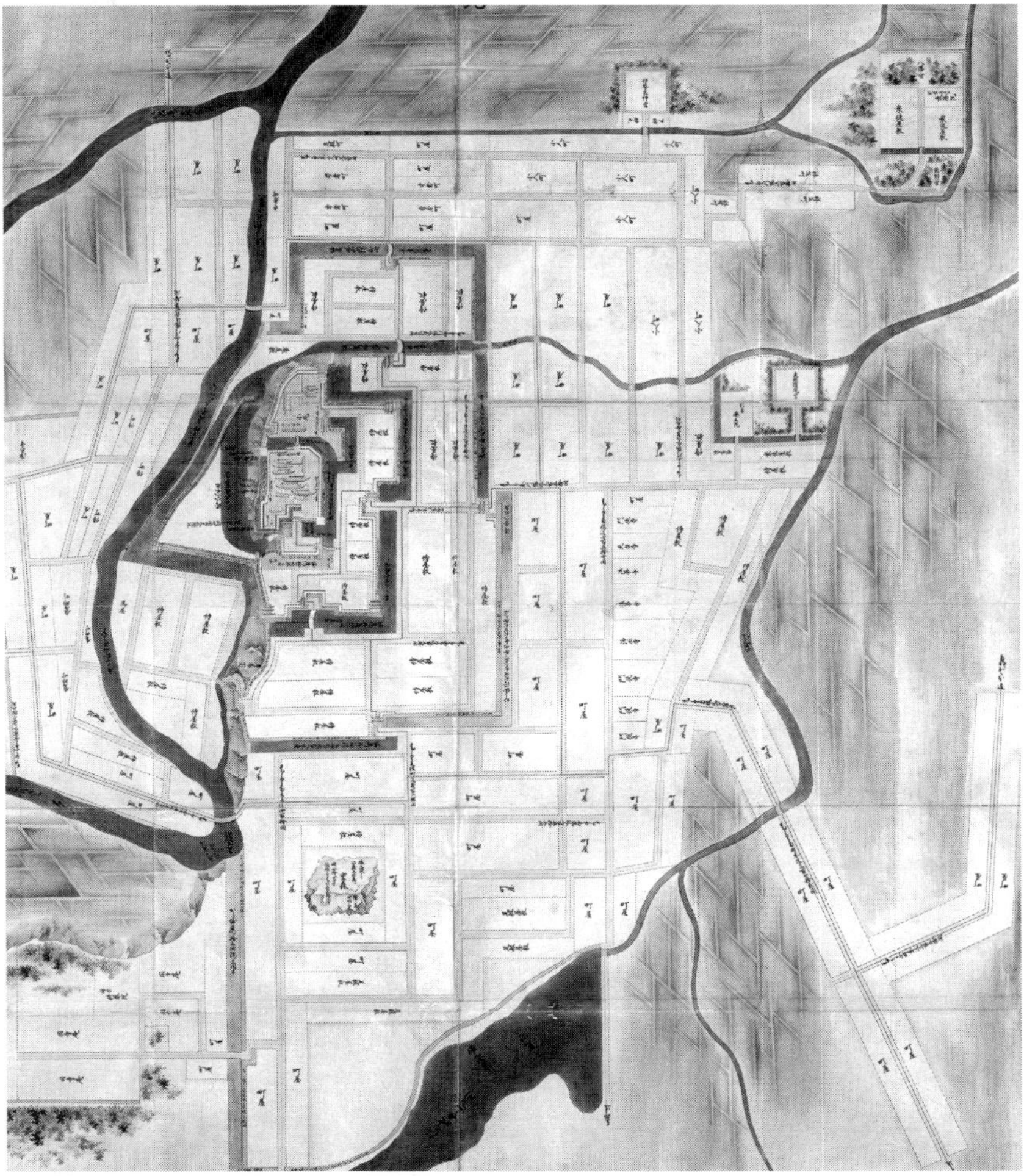

周囲の地形を含めた弘前城全体図（『正保城絵図 津軽弘前城之絵図』国立公文書館所蔵）

城の間取り 31

首里城【しゅりじょう】（沖縄県）

沖縄・日本・中国の特徴を備えた琉球王国の城

祭祀空間を備えた城

江戸時代、沖縄は尚氏《しょうし》が治める独立国・琉球王国だったが、日本と中国の双方に臣従するという、複雑な外交関係にあった。そうした関係性が、尚氏の宮殿である**首里城**の構造にも反映されている。琉球独自の特徴に加えて、日本の城や中国の宮殿の特徴が、首里城には垣間見えるのだ。

首里城が位置したのは那覇市東部、標高約130メートルの丘陵地帯だ。創建年代は不明ながら、原型となった城は、14世紀頃までに築造されたようだ。正長2年（1429）、尚氏による琉球統一で、王国の政庁として整備された。

図を見ると、**城の周辺が城壁で幾重にも囲まれている**のがわかる。城壁がカーブの多い曲線的な構造なのは、地形を利用して築かれたためである。また、城壁上部の角は、丸みを帯びた上向きの構

首里城の城壁。カーブの多い曲線的な構造

◎首里城の間取り図

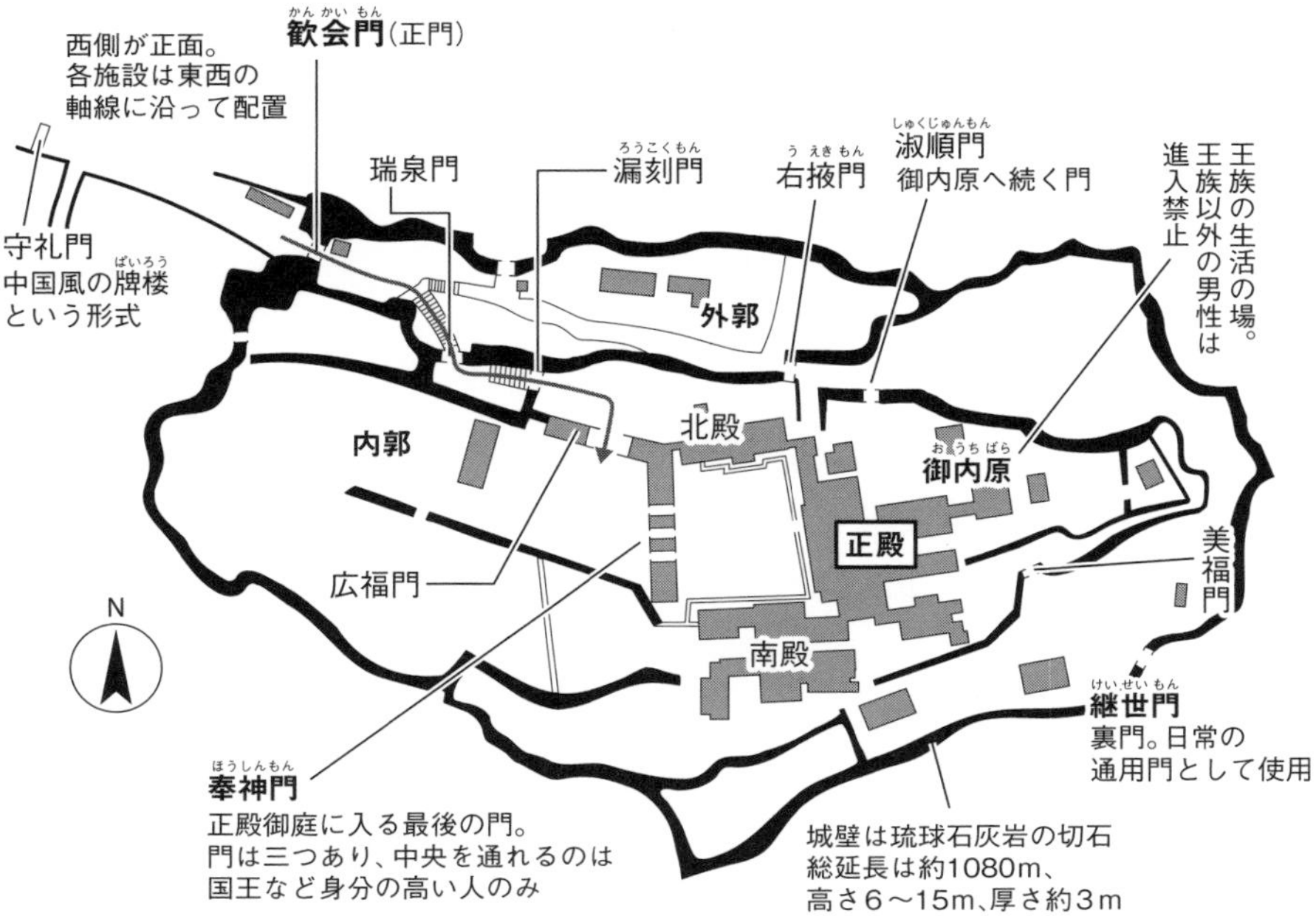

◎基本データ

- 琉球王国の国王の居城（1429 ～1879 年まで）
- 王宮・政治中枢・信仰の場として機能
- 標高約130mの小高い丘に14 世紀末頃には築城
- 沖縄の城であるグスクの特徴として、複数の広場や信仰空間が存在
- 西側が正面で、各施設は東西の軸線に沿って配置
- 建物に琉球・日本・中国の様式がみられる
- 1945 年に沖縄戦で焼失、跡地に琉球大学が建てられたが、大学移転後の 1980 年代より復元
- 2019 年、火災により復元正殿などが焼失

造になっている。**隅頭石**《すみがしらいし》と呼ばれる構造で、悪い気が集まらないよう角をなくし、風当たりをよくする意味があったとも言われる。戦国時代の日本の城は戦いに特化した機能が多いが、首里城は必ずしもそれだけではなかったようだ。

城壁内側は、内郭と外郭に分けられる。北部の外郭は丘陵の低所に位置し、15~16世紀に追加されたと考えられる（築造理由は不明）。

図の南側に当たる内郭は、第一尚王朝時代（1429~1469）に造られた最初のエリアで、政治と居住、そして祭祀を行う場だった。西部が祭祀用のスペースで、門手前が控え場の下之御庭《しちゃぬうなー》、南西部が祭祀場の京《きょう》の内《うち》である。

焼失する前の首里城正殿。丸で囲っている部分が龍頭棟飾

広場と祭祀空間を備えるのは、琉球の城の特徴だ。城の内外では、五穀豊穣や王国安寧を願う種々の儀式が営まれた。**城は防衛施設としてだけでなく、聖地としてもみなされていたのである。**

日中の影響が見える正殿

門の東側には、政治中枢の**正殿**《せいでん》と私的空間の御内原《おうちばら》が位置する。このうちの正殿が、日本・中国の影響を非常に強く受けている。

正殿の創建年は不明だが、基本構成は14世紀頃に完成したとされる。三階建てで、二階部分は周辺の建物と繋がっている。屋根は上・下層に分かれた、唐破風《からはふ》造りの構造だ。これらの構造や意匠は、日本の建築様式にそっくりである。

一方で、朱色を基調とした彩色や、上層屋根につけられた龍の頭

江戸時代に描かれた首里城。18 世紀前半に出された百科事典に記載された（『和漢三才図会』国会図書館所蔵）

状の飾り（龍頭棟飾《りゅうとうむなかざり》）、正殿正面に設けられた龍の彫刻、建物の基壇、石高欄《いしこうらん》は中国風である。

また、建物の構えや霧除けには、琉球独自の工夫が施されている。こうした三国の要素を取り入れた様式が正殿の特徴である。

そんな首里城正殿は明治の琉球併合後に日本の国宝となったが、太平洋戦争の沖縄戦で全焼。平成4年（1992）に復元されたものの、平成31年（2019）の火災で焼け落ち、現在は2026年の完成を目指して再建中である。

間取り図参考図版

※各間取り図は以下の図と、参考文献記載の史料、発掘調査、図版の情報を元に作成しました。

安土城「日本古城絵図 江州安土古城図」国会図書館所蔵
「安土城本丸復元図」（復元：三浦正幸）
岐阜城「伊奈波城趾之図」伊奈波城神社所蔵
大坂城「中井家本丸図」中井家所蔵
伏見城「秀吉在世時代伏見城丸の内図」加藤次郎作成
江戸城「東京市史稿 皇城篇」国会図書館所蔵
「江戸始図」松江歴史館所蔵
駿府城「駿府城絵図」静岡市所蔵
彦根城「御城内御絵図」彦根城博物館
松本城「信州松本城之図」松本城管理事務所所蔵
名古屋城「元禄拾年御城絵図」名古屋市蓬左文庫所蔵
和歌山城「和歌山御城内惣御絵図」和歌山県立図書館所蔵
水戸城「水戸城実測図」茨城県立図書館所蔵
金沢城「加賀国金沢城絵図」石川県立歴史博物館所蔵
高松城「生駒家時代讃岐高松城屋敷割図」高松市歴史資料館所蔵

岸和田城「和泉国岸和田城図」国立公文書館内閣文庫所蔵
伊予松山城「亀郭城秘図」伊予史談会所蔵
犬山城「尾張国犬山城絵図」犬山城白帝文庫所蔵
高天神城『史跡高天神城跡保存管理計画策定報告書』（大東町教育委員会／1996）
熊本城「熊本屋舗割下絵図 肥後藩絵図」熊本県立図書館所蔵
会津若松城「若松正保城絵図」福島県立博物館所蔵
五稜郭「五稜郭目論見図」函館市中央図書館所蔵
長岡城「越後国古志郡之内長岡城之図」国立公文書館内閣文庫所蔵
山口城「山口御屋形図」山口県立山口博物館所蔵
勝山御殿「旧長府藩勝山御殿見取図」長門住吉神社所蔵
松前城「陸奥国松前福山城焼失所修復御願絵図」国立公文書館内閣文庫所蔵
小田原城「小田原城正保城絵図」国立公文書館内閣文庫所蔵
姫路城「播州姫路城図」中根家所蔵
川越城「川越城図（慶応三年頃）」川越市立図書館所蔵
「川越御城下絵図」川崎市立図書館所蔵
赤穂城「赤穂城下絵図」赤穂市立歴史博物館所蔵
桑名城「文政年間桑名市街之図」桑名市博物館所蔵
弘前城「御本城御差図」弘前市立博物館所蔵
首里城「沖縄県旧首里城之図」那覇市所蔵

主要参考文献・ウェブサイト

西ヶ谷恭弘・多椊正芳 編『城郭みどころ辞典 東国編』東京堂出版（２００３）
西ヶ谷恭弘・光武敏郎 編『城郭みどころ辞典 西国編』東京堂出版（２００３）
金沢城研究調査室 編『よみがえる金沢城〈１〉』石川県教育委員会（２０１２）
日本史研究会 編『豊臣秀吉と京都―聚楽第・御土居と伏見城』文理閣（２００１）
小和田泰経『大判ビジュアル図解 大迫力！ 写真と絵でわかる日本の城・城合戦』西東社（２０１６）
香川元太郎『歴群［図解］マスター 城』学研プラス（２０１２）
加藤理文『織田信長の城』講談社現代新書（２０１６）
加藤理文『家康と家臣団の城』ＫＡＤＯＫＡＷＡ（２０２１）
中井均『秀吉と家臣団の城』ＫＡＤＯＫＡＷＡ（２０２１）
中山良昭『図解日本の城』西東社（２０１０）
小和田哲男、三浦正幸 監修『よみがえる名古屋城』学研プラス（２００６）
三浦正幸 監修『よみがえる真説安土城』学研プラス（２００６）
「週刊 日本の城」デアゴスティーニ・ジャパン １、２、３、４、６、８、12、13、14、15、18、22、24、36、37、38、41、47、55、65、66、81、88、89、１００、１０１、１０９、１１３、１２１、１４８
埋蔵文化センター公式ブログ https://www.cul-spo.or.jp/blog_maibun/?p=1914
考古学から見た会津の歴史 http://www.aidu.server-shared.com/~ishida-a/index.html
和泉岸和田城絵図 https://www.digital.archives.go.jp/gallery/0000000448
石川県立歴史博物館「金沢城二の丸絵図」 https://www.ishikawa-rekihaku.jp/collection/detail.php?cd=GI00213
石川県「絵図・文献」 https://www.pref.ishikawa.lg.jp/kyoiku/bunkazai/kanazawazyo/ezubun.html

国宝犬山城「城郭構造」 https://inuyama-castle.jp/castle/citadel
NPO法人 高松城の復元を進める市民の会「高松城の歴史」 http://www.takamatsujyo.jp/aboutstory
国史跡高天神城アーカイブ http://geo.d51498.com/qbpbd900/takatenjinjo.html
首里城公園 https://oki-park.jp/shurijo/
全国史跡巡りと地形地図 https://onl.sc/tp59TqH
さきがけミュージアム「駿府城」 http://www.shizuoka-bunkazai.jp/castle/
家康公を学ぶ「大御所の城「駿府城」とは?」 https://www.visit-shizuoka.com/t/oogosho400/study/03_01.htm
まつまえの文化財「福山城（松前城）本丸御殿」
https://www.town.matsumae.hokkaido.jp/bunkazai/detail/00001632.html
国宝松本城「国宝 松本城について」 https://www.matsumoto-castle.jp/about/palace
余湖くんのホームページ「水戸城」 http://otakeya.in.coocan.jp/info02/mito.htm
城百科 http://www.hat.hi-ho.ne.jp/moch/castle/castle_55.htm
「豊臣時代大坂城指図」（中井家所蔵）をめぐるノート
https://www.lit.osaka-cu.ac.jp/UCRC/wp-content/uploads/2020/04/vol22_article06.pdf
大阪市文化財協会「地下に眠っていた秀吉の大坂城石垣を再発掘しました」
https://www.occpa.or.jp/OCCPA/event_news/2014_event_news/2014_0307_09%20OS13-38.html

図版出典

東京大学史料編纂所所蔵肖像画模本：12頁 織田信長／20頁 豊臣秀吉／30頁 徳川家康／56頁 前田利家／74頁 池田恒興／80頁 武田勝頼／82頁 加藤清正／122頁 天海

扉ページ図版：「江戸図寛文六年刊」国会図書館所蔵

図解　城の間取り

2023年 5月24日　第1刷

編　者　日本史の謎検証委員会

制　作　オフィステイクオー

発行人　山田有司

発行所　株式会社彩図社
東京都豊島区南大塚 3-24-4
ＭＴビル〒 170-0005
TEL：03-5985-8213　FAX：03-5985-8224

印刷所　シナノ印刷株式会社

URL：https://www.saiz.co.jp
Twitter：https://twitter.com/saiz_sha

ISBN978-4-8013-0658-5 C0021
落丁・乱丁本は小社宛にお送りください。送料小社負担にて、お取り替えいたします。
定価はカバーに表示してあります。